006

팸플릿 006

개헌의 이론과 현실

헌법개정

김해원 지음

한티재

조홍석 (경북대 법학전문대학원 교수, 전 한국헌법학회 회장)

헌법개정에 대한 목소리가 정치권 여기저기서 들린다. 국회에서도 헌법개정특별위원회가 구성되어 막바지 작업에 들어간 듯하다. 대세는 '분권형 정부형태'이다. 형식은 대통령과 총리의 동거정부이지만, 그 핵심은 의원내각제의 도입이다. 박정희 독재정권과 전두환 정부 시절 국민이 가졌던 뜨거운—대통령 직선제로의—염원을 외면할 수가 없기 때문이다. 우리는 여기서 다음과 같은 의문을 품게 된다. 첫째, 이 시점에서 헌법을 개정하는 것이 필요한가. 둘째, 그렇다 하더라도 왜 '분권형 정부형태'이어야 하는가. 마지막으로 헌법개정이 사실상 가능할 것인가에 대한 강한 의문이다. 더욱이 박근혜 대통령에 대한 헌법재판소의 탄핵결정이 눈앞에 있고, 특정 정당과 그 정당의 잠재적 대통령 후보가 예상 가능한 어떤 후보보다 더 높은 지지와 당선 가능성을 보이고 있기 때문이다. 이러한 의문에 대하여 누군가의 대답이 절실하다. 아마추어가 아닌 헌법 전문가의 명쾌한 해답이 필요하다. 여기서 떠오르는 젊은 헌법학자가 쓴 『헌법개정 — 개헌의 이론과 현실』이라는 책을 소개하지 않을 수 없다.

이 책에서 저자는 정치공동체의 근본질서인 헌법의 특성과 그 의미에 주목하면서 '헌법개정'의 개념과 절차 및 그 한계를 상세하고 치밀하게 설명하고 있다. 그리고 헌법현실에서 나타나고 있는 각종 개헌 논의들을 비판하면서, 국민 다수의 거대한 흐름이 자연스럽게 형성될 때 비로소 권력으로부터 강요된 '개헌안'이 아니라 우리가 진정 원하는 '개헌안'이 구체화될 수 있다고 주장한다. 누적된 실천과 성과 없이 한방에 모든 것을 해결하려는 열망으로 가득한 '헌법개정을 위한 국민투표'는 우리가 스스로 우리의 삶을 거덜 내는 재앙이 될 수 있음을 경고하고 있다.

저자는 우리가 헌법을 개정하고자 한다면, 무엇보다도 "헌법개정안을 의결하여 우리 앞에 내놓을 국회 및 그 구성원인 국회의원들을 얼마나 신뢰할 수 있는가?"라는 물음에 대해 진지하게 고민해야 한다고 한다. 왜냐하면 "이러한 물음에 대한 대답이 부정적이면 부정적일수록 우리의 개헌의지가 헌법개정 과정에서 왜곡되고, 심지어 이미 우리가 쟁취했던 것들조차도 잃어버릴 가능성"을 경계하기 때문이다. "국회에 대한 우리의 신뢰가 회복된 연후에 '헌법개정'에 관한 논의를 본격화하는 것이, 더 좋은 헌법을 갖고자 하는 우리의 바람을 실현하는데 보다 슬기로운 방법일 수 있다"는 저자의 지적이 뜨겁게 가슴에 다가온다.

헌법개정에 대한 저자의 이러한 시각은 '요란스러운 개헌 논쟁'에서 한 걸음 벗어나서, 현실의 정치권력이 사실상 강요하는 헌법개정에 대한 요구를 냉정하게 평가할 수 있는 소중한 기회를 가져다줄 것이다. 아울러 이 책은 '헌법개정'은 물론이고 인간의 존엄을 최고의 가치로 하는 헌법학 전반에 대한 실천적 이해를 높이는 데 크게 도움이 될 것이다. 동시에, 이 책은 국가권력과 '대결하고 있는'—민주공화국의 주권자로서—우리의 자세를 반성하고 다시 살피게 한다.

2017년 3월 9일

| 책을 내면서 |

이 책은 '헌법개정'의 이론과 실천에 관한 기본적 내용들을 담고 있습니다. 하지만 '헌법개정' 그 자체에 대한 이해를 넘어서서 대한민국이라는 정치공동체의 구성원인 우리들의 삶에 '권력통제와 인간으로서의 존엄과 가치'라는 헌법적 문제의식이 각인될 수 있는 계기를 마련해보고 싶었습니다. 우리 삶을 고양시키고 더 좋은 공동체를 만들기 위해서 헌법을 개정하고자 한다면, '헌법개정'에 관한 논의를 본격화하기 이전에 무엇부터 고민해야 할 것인지를 말하고 싶었습니다. 권력의 오만함hybris으로부터 뿜어 나오는 요란스런 개헌 주장 속에서 정작 주권자인 우리의 처지는 갈수록 비루해지고 권력으로부터 체계적이고 정교하게 소외되고 있는 것은 아닌지 점검해보고 싶었습니다. 국정을 농단한 대통령은 탄핵되었으나, 대통령의 개헌촉구선언은 망령으로 되살아나서 새로운 국정농단의 계기가 될 수 있음을 경고하고 싶었습니다.* 아울러 모든 문제들을 일거에 해결하고자 하는 우리 마음 깊숙한 곳의 욕망이 '헌법개정'으로 우리를 안내하고 있는 것은 아닌지, 그러한 안내로 인해서 정작 우리는 주권자로서 참으로 존엄하고 행복해질 수 있을 것인지를 함께 성찰해보고 싶었습니다. 그러나 탈고하고 나니, 성급한 마음과 미흡한 능력을 새삼 확인하게 됩니다. 과분한 바람이긴 하지만, 좋은 공동체를 꿈꾸고 이를 견인하기 위해 애쓰는 이들에게 이 글이 질정의 대상이 될 수 있기를 소망해봅니다.

본문에서 밝힌 것처럼 이 책은 박근혜 전 대통령의 '10·24 개헌촉구선언'을 계기로 마련되었던 특강의 내용을 수정·보완한

---

* 이 책의 탈고를 앞두고 있는 2017년 3월 10일 현재, 헌법재판소는 '2016헌나1 대통령탄핵사건'에서 헌법재판관 전원일치의 의견으로 "피청구인 대통령 박근혜를 파면한다"라는 선고를 하였습니다. 이 선고 직후 권성동 탄핵소추위원장은 "이번 판결로 87년 제정된 헌법체제로는 더이상 대한민국을 운영하기 어렵다는 것이 입증됐다"면서 '분권형 개헌'을 도입하자는 의견을 피력했습니다. 문제의 원인이 87년 헌법체제 때문인지, 아니면 87년 헌법체제를 경시했기 때문인지 한번 생각해볼 일입니다.

것입니다. 헌법을 전공하지 않은 일반 대중을 위한 강의였기에 '헌법개정'에 관한 설명을 진행하면서도 틈틈이 헌법 그 자체에 대한 기본적인 내용을 쉬운 언어로 함께 전달하고자 노력했습니다. 하지만 특정한 시공간에서 개헌에 관심이 많은 비교적 균질한 청중들을 대상으로 한 3차원적 강의를, 전파 가능성이 높은 활자로 변환시키는 과정에서 설명과 표현들이 더 정확해지고 엄밀해진 측면은 있으나, 그만큼 더 생소하고 난해하게 느껴질 수도 있을 것입니다. 좀더 쉬운 언어로 우려내지 못한 것은 전적으로 필자의 부족함 때문입니다. 필요하다면 이 책의 미흡함과 어려움이 보완될 수 있는 소통의 기회를 적극적으로 모색해보도록 하겠습니다.

이 책이 출판되기까지 많은 분들에게 빚을 졌습니다. 특히 여러 가지 어려운 상황에서도 강의의 기회를 마련해주신 민중대안언론 『뉴스민』의 노태맹 대표님과 천용길 편집장님, 강의를 녹취하여 풀어주셨을 뿐만 아니라 원고를 정성껏 편집해주신 도서출판 한티재의 오은지 대표님과 변홍철 편집장님, 그리고 헌법 세미나팀의 이호흔 선생님께 감사드립니다. 초고를 꼼꼼하게 검토하고 오탈자를 바로잡아준 나정수 석사의 애씀도 기억해둡니다. 이러한 도움들이 없었다면, 이 책의 내용들은 제

머릿속에 파편화된 상태로 잠시 머물다가 흩어졌을 것입니다. 그리고 이 자리를 빌려 제 선생님이신 조홍석 교수님께도 감사드립니다. '헌법'은 물론이고 이 책의 주제인 '헌법개정'을 바라보는 많은 시각 또한 조홍석 교수님의 가르침에 힘입은 것임을 밝혀둡니다.

2017년 3월 10일

김해원

차례

| 강의를 시작하며 |

안녕하세요. 방금 소개받은 김해원입니다. 지난 10월 24일 국회시정연설에서 박근혜 대통령은 느닷없이 "임기 내에 헌법 개정"을 선언하고 개헌을 위한 실무적인 준비를 해나가겠다고 밝혔습니다. 이것이 계기가 되어서 당일 오후에 『뉴스민』의 천용길 편집장으로부터 대중을 대상으로 한 개헌 관련 '긴급특강'을 요청받았습니다.

그런데 아시다시피 당일 저녁에 방송된 〈JTBC 뉴스룸〉으로 인해서 사회적 이슈가 '개헌'에서 '박근혜 대통령의 국정농단'으로 급격하게 전환된 바람에 이 특강의 긴급성은 많이 감소되었고 덜 주목받게 된 것 같습니다. 본 강의를 긴급하게 요청하고 기획 및 주최한 『뉴스민』의 입장에서는 아쉬움이 있을지도 모르겠습니다만, 저는 오히려 더 잘되었다고 생각합니다. 왜냐하면 조금 더 차분한 분위기에서 헌법개정(개헌)에 관해 더 근본적이고 진지한 이야기들을 나눌 수 있고 또 성찰할 수 있을 것으로 기대하기 때문입니다.

사실 저는 헌법을 연구하고 가르치는 일을 하고 있음에도 불구하고 그동안 개헌에 관한 논의들로부터 의도적으로 거리를 두어왔습니다. 보통 두 학기에 걸쳐 하게 되는 헌법기본강의에서조차도 개헌보다 더 시급하게 다루어야 할 중요한 쟁점들이 많아서 개헌에 관한 설명은 생략하거나 뒤로 미뤄두기 일쑤였습니다.

뿐만 아니라 언론사를 비롯한 이런저런 곳으로부터 "요즘 개헌이 이슈인데——실제로 개헌이 이슈가 되고 있는 것인지 혹은 개헌을 이슈화하려는 의도에서 개헌을 거론하는 것인지는 모르겠습니다만——교수님께서는 헌법이 어떻게 개정되어야 한다고 생각합니까?"라는 취지의 질문을 받으면 대개 "개헌에 관해서 별로 이야기하고 싶지 않다"라고 응답하며 전화를 끊은 경우가 많았습니다. 왜냐하면 개헌에 관한 진솔한 입장을 묻는다고 하면서 제게 던지는 질문들의 대부분은 개헌의 필요성에 동의해야만 비로소 받아들일 수 있는 질문들—예컨대, 권력구조 개편에 한정된 개헌이 좋을 것인지, 그렇지 않으면 기본권을 포함한 전면개헌이 바람직한 것인지, 개헌의 시기는 언제가 좋을 것인지, 5년 단임인 대통령제를 4년 중임제로 변경하는 것이 좋을 것인지, 그렇지 않다면 의원내각제 혹은 이원정부제로 개헌하는 것이 좋을 것인지 등등—이었기 때문입니다.

따라서 이 강의는 개헌에 대해 소극적인 입장을 갖고 있는 제가 그동안 고민해왔던 것들을 대학 밖의 공간에서 공개적이고 체계적으로 밝히는 첫 자리란 점에서 개인적으로도 의미가 깊습니다. 하지만 무엇보다도 이 강의가 민주적 헌법국가의 구성원인 여러분들에게 헌법과 헌법적 쟁점에 대한 이해와 관심을 높일 수 있는 계기가 될 수 있다면 좋겠습니다.

본 강의는 크게 1부와 2부로 구분해서 진행될 것입니다. 1부에서는 다소 이론적인 사항들을 다룹니다. 우선 헌법의 개념과 특성에 주목하면서 '헌법개정'과 구별되어야 하는 유사개념들을 살펴봄으로써 본 강의의 중심주제인 '헌법개정'의 의미를 뚜렷하게 밝혀볼 것입니다. 그리고 '헌법개정'과 관련된 현행 헌법상의 구체적 조항들(특히 헌법 제128조, 제129조, 제130조)을 살펴보면서 '헌법개정'의 한계에 관해서 설명할 것입니다.

2부에서는 좀더 현실적이고 실천적 차원에서 행해지는 개헌에 관한 작금의 논의들을 적극적으로 점검하고, 이에 대한 실천적 대응에 관심을 가질 것입니다. 우선 본 강의를 촉발시킨 계기인 '10월 24일 국회시정연설에서 행한 박근혜 대통령의 개헌 촉구선언'은 헌법적으로 어떻게 평가될 수 있는지를 살펴볼 것이며, 이어서 '헌법개정'과 관련된 여러분들의 현실적이고 구체적인 질문들을 받고 이에 답하는 시간을 갖고자 합니다. 이 과정에서 현실에서 행해지는 각종 헌법개정 논의들에 대한 제 나름의 생각 또한 간접적이긴 하지만 일부 피력될 수 있을 것입니다.

이처럼 본 강의에서 '헌법개정'을 이론적 측면과 실천적 측면으로 분별하여 진행하는 것은 순전히 설명과 이해의 편의를 위함입니다. 하지만 이론과 실천은 상호 배태되는 중첩적 계기인 관계로 끊임없이 상호 참조되어야 합니다. 따라서 본 강의의 1부와 2부 또한 종합적·유기적으로 이해될 필요가 있다는 점을 미리 밝혀둡니다.

1

헌법개정에 대한 이론적 이해

'헌법개정'의 의미

헌법현실과 헌법규범의 상호작용 | 헌법변천과 헌법해석 | 헌법개정의 대상인 헌법규범 | 혁명과 헌법제정 | 헌법제정권력(주권)과 통치 권력 | 헌법개정과 구별되어야 할 개념들

1. 동어반복이긴 하지만 헌법개정憲法改正, 즉 개헌改憲은 '헌법'을 '개정'한다는 의미입니다. 여기서 '개정'改正의 사전적 의미는 문서의 내용 따위를 "고쳐 바르게 함"입니다. 따라서 '헌법개정'을 온전하게 이해하기 위해서는 무엇보다도 '고쳐 바르게 할' 대상인 '헌법'이 무엇인지를 알아야 하며, 고쳐 바르게 한다는 것, 즉 '개정'이 뜻하는 바를 정확하게 이해할 필요가 있습니다. 우선 개정의 대상인 '헌법'부터 살펴봅시다.

2. 헌법은 정치로부터 태동하지만 정치를 규제할 뿐만 아니라 그 자체가 정치의 내용이 되는, 정치공동체인 국가의 최고규

범입니다. 이러한 점에서 헌법은 특정 국가의 권력관계와 같은 정치적 사실이나 존재Sein를 뜻하기도 하고, 그러한 권력관계를 규율하는 당위Sollen를 뜻하기도 합니다. 헌법이 갖고 있는 사실적 측면(정치성)과 당위적 측면(규범성), 이 두 성격—이것을 헌법의 이중적 성격(이중성) 혹은 양면성이라고 합니다—에 주목할 때 우리는 정치규범으로서 헌법이 갖고 있는 본질에 한 걸음 더 다가갈 수 있습니다.

실제로 헌법을 공부한다는 것은 사실로서의 헌법을 의미하는 '헌법현실'과 당위로서의 헌법을 의미하는 '헌법규범' 간의 끝없는 상호참조 과정입니다. 이러한 과정을 통해서 헌법현실과 헌법규범 상호간의 괴리를 좁히고 헌법규범이 요청하는 당위적 가치들이 구체적 헌법현실에서 조화롭게 구현될 수 있는 정치공동체, 즉 헌법국가 실현에 이바지하는 것이 헌법공부의 실천적 의미라고 할 수 있습니다. 그런데 우리가 '헌법개정'이라고 할 때 개정의 대상으로서 1차적으로 주목하는 것은 '헌법현실'이 아니라 '헌법규범'입니다.

3. 물론 헌법규범을 고쳐 바르게 하는 것(즉, 헌법개정)의 궁극적 목적은 헌법규범 그 자체의 변화에 있는 것이 아니라 헌법현실의 변화를 겨냥하고 있는 경우가 많을 것입니다. 그런데 헌

개요 및 기본 개념 정리

1. 헌법학은 법전 속에 들어 있는 **헌법규범** 그 자체(예컨대 1948년 7월 12일에 제정된 이후 1987년 10월 29일 헌법 제10호로 공포되어 1988년 2월 25일부터 시행되기 시작한 현행 '대한민국헌법')뿐만 아니라, 헌법규범을 둘러싸고 있는 정치적·경제적·사회적·문화적·자연적·기술적 토대와 조건 및 그러한 사실들(즉, **헌법현실**)을 함께 아우르고 있다. 따라서 연구대상으로서 '헌법'은 크게 **헌법규범**과 **헌법현실** 두 가지로 구분해볼 수 있다.

2. 규범에 집중하고 있는 전통적 의미에서의 (헌)법학자들은 대체로 헌법규범의 의미를 해석·적용하는 데 대부분의 시간을 보내지만, (정치학·경제학·사회학·문화/예술학·자연과학 및 기술과학 등등) 다른 학문들의 도움을 받아서라도 헌법현실에 대한 안목을 넓히기 위해 많은 노력을 기울인다. 왜냐하면 헌법학의 연구대상인 헌법규범과 헌법현실은 상호작용하면서 끊임없이 유동하고 있기 때문이다. 이러한 의미에서 헌법학은 종합학문이라고 할 수 있다.

3. 드물긴 하지만 영국이나 뉴질랜드 등과 같이 성문헌법이 없는 국가도 있다. 이러한 불문헌법국가에서는 대체로 헌법사항(국가의 체제와 구성 및 기본질서에 관한 사항과 최고 권력기관의 권한 배분과 배분된 권한의 행사, 그리고 기본권을 비롯한 국민의 기본적 지위 보장 등에 관한 사항)과 관련된 일정한 국가적 관행이나 관련 판례 등의 축적을 통해서 헌법규범의

내용이 추단된다. 하지만 많은 나라들이 우리나라와 같이 성문화된 헌법전을 가지고 있기 때문에 헌법규범은 그 규범적 의미가 대개 문자로 표현되고 문서의 형식을 갖춘(즉, 성문화된) 단일 법전의 형식으로 인식되는 경우가 일반적이다. 따라서 헌법규범은 규범의 외적 발현형태 내지는 형식이라고 할 수 있는 성문화된 헌법문언(기표, 記標)인 **헌법규범문장**과 헌법문언을 통해서 나타내고자 하는 내용, 즉 헌법문의(기의, 記意)인 **헌법규범의미**로 분별할 수 있다.

4. 이상의 내용은 아래 표와 같이 정리할 수 있다.

- 헌법
  - 헌법현실
  - 헌법규범
    - 헌법문언(기표): 헌법규범문장
    - 헌법문의(기의): 헌법규범의미

5. 헌법규범에 변화가 생긴다는 점에서 헌법개정·헌법변천·헌법제정·헌법폐지는 유사한 측면이 있다. 하지만 이들은 서로 다른 개념이다.

헌법변천은 헌법현실의 변화로 인해서 헌법규범의 의미가 변하는 현상으로 헌법규범문장(헌법문언: 기표)의 변화 없이 헌법규범의미(헌법문의: 기의)의 변화가 발생한다. 따라서 헌법문언에 대한 변화가 발생하는 헌법개정·헌법제정·헌법폐지 등과 헌법변천은 뚜렷하게 구별된다.

헌법제정은 기존 헌법과의 연속성을 단절시키고 본질적으로 새로운 헌법을 정초하는 혁명적 행위의 결과로 얻어진 헌법규범문장의 변화를 의미하는바, 파기된 기존 헌법으로부터 애당초 그 정당성 여부를 평가받을 수 없는 (혹은 평가받지 않고자 하는) 행위라는 점에서 '헌법개정'이나 '헌법폐지'와도 구별되는 개념이다.

헌법폐지는, 헌법규범문장에 대한 수정이 발생하며 그러한 수정행위에 대해 기존 헌법에 기초하여 그 정당성 여부를 평가할 수 있다는 점에서 '헌법개정'과 유사한 측면이 있다. 하지만 헌법폐지는 기존 헌법을 위반하면서 행해지는 헌법문언의 적극적 변화행위로서 기존 헌법으로부터 정당화될 수 없는(위헌적인) 헌법규범문장의 변화를 의미하는 반면에, **헌법개정**은 기존 헌법과의 동일성 및 계속성을 유지한 채 기존 헌법이 정한 절차·방식에 따라서 기존 헌법의 문언을 명시적으로 수정하는 행위로서 기존 헌법으로부터 정당화될 수 있는 헌법규범문장의 변화란 점에서 양자는 구별된다.

법개정의 과정을 거치지 않더라도 헌법은 변할 수 있습니다. 특히 헌법은 헌법현실과 헌법규범이 상호영향을 주고받는 이중적 성격을 갖고 있기 때문에 헌법현실의 변화가 헌법규범이 가진 의미와 규범의 해석에 영향을 미쳐 헌법규범의 변화를 초래하기도 합니다.

예컨대 배우자 있는 자의 간통행위 및 그와의 상간행위를 2년 이하의 징역에 처하도록 규정한 형법 제241조에 대해서 헌법재판소는 1990년에는 간통행위를 규제하고 처벌하는 것은 성적 자기결정권의 본질적 내용을 침해하여 인간으로서의 존엄과 가치 및 행복추구권을 부당하게 침해하는 것은 아니라고 하면서 "헌법에 위반되지 아니한다"라고 판단했지만,* 2015년에는 "사회 구조 및 결혼과 성에 관한 국민의 의식이 변화되고, 성적 자기결정권을 더 중요시하는 인식이 확산됨에 따라 간통행위를 국가가 형벌로 다스리는 것이 적정한지에 대해서는 이제 더 이상 국민의 인식이 일치한다고 보기 어렵"다는 점을 지적하면서 "형법 제241조는 헌법에 위반된다"라고 판단했습니다.** 이러한 헌법재판소 판례의 변화는 25년이란 기간 동안 있어온 "사회 구조 및 결혼과 성에 관한 국민의 의식" 등과 같은 (헌법)현실의 변화로 인해서 (헌법)규범의 한 내용이라고 할 수 있는 성적 자기결정권에 대한 이해가 변했고, 결국 간통행위를 처벌하는 형법 제241조의 위헌 여부에 대한 결론이 달라졌음을 뚜렷하게 보여줍니다. 하지만 이와 같은 헌법현실의 변화 내지는 그로 인한 헌법규범의 의미 변화를 '헌법개정'이라고 말하지는 않습니다.

이하에서는 헌법의 규범적 특성 및 헌법현실과 헌법규범의 상호관계 속에서 헌법개정과 구별되어야 할 개념들(예컨대 헌법

---

* 헌재 1990. 9. 10. 89헌마82, 『판례집 2』, 306쪽 이하.
** 헌재 2015. 2. 26. 2009헌바17 등, 『판례집 27-1상』, 20쪽 이하.

침해, 헌법변천, 헌법제정, 헌법폐지 등)을 먼저 정리하도록 하겠습니다. 이는 우리가 다루고자 하는 주제인 '헌법개정'이 무엇을 의미하는 것인지를 더욱 뚜렷하게 하는 데 한 걸음 더 다가가는 과정이 될 것입니다.

4. 헌법은 한 국가 내에 존재하는 최고규범입니다. 따라서 우리가 권력자의 자의에 의한 지배가 아니라 법에 의한 지배를 받아들인다면, 국가의 모든 행위는 헌법을 구현하는 과정이어야 합니다. 실제로 오늘날 대부분의 국가기관들은 자신의 존재와 행위에 관한 정당성의 최종 근거를 헌법으로부터 가져옵니다.

물론 헌법현실에서는 공권력을 행사하는 각종 기관들이 겉으로는 헌법을 내세우지만, 그 실질은 헌법적 가치를 무시하거나 훼손하는 경우 또한 드물지 않습니다. 하지만 헌법규범에 위반해서 행해지는 각종 공권력의 활동들은 헌법현실에서 마땅히 위헌으로 평가받아야 하는 '**헌법침해**'에 지나지 않습니다.*

* 한편 특정 헌법조문의 효력을 헌법문언의 명시적 변화 내지는 수정 없이 일시적으로 중단시키는 행위를 '헌법침해'와 구별하여 '헌법정지'(Verfassungssuspension)라고 부르기도 합니다. 1961년 5·16 후 국가비상조치, 1972년 10월 유신 후 10·17 비상조치, 1980년 국가보위비상대책위원회의 5·17 조치 등을 헌법정지로 볼 수 있겠습니다. 하지만 이러한 '헌법정지'는 본질적으로 헌법규범에 위반해서 행해지는 공권력의 활동으

실제로 일정한 요건이 충족된 경우에 헌법재판소는 법률의 위헌결정 · 탄핵의 결정 · 정당해산의 결정 · 헌법소원에 관한 인용결정 · 권한쟁의심판의 결정 등을 통해서 헌법에 위반되는 각종 행위들이 위헌임을 선언하고 있으며, 그 결과 특정 법률(조항) 혹은 문제된 공권력의 효력이 상실되기도 하고, 탄핵소추된 공직자가 파면되거나 정당이 해산되기도 합니다.

5. 헌법현실에서 문제된 구체적인 행위가 헌법규범에 위반한 헌법침해인지 여부를 판단하는 것이 비교적 간단하고 손쉬운 경우도 있습니다. 예컨대 국회가 대통령의 임기를 6년으로 하는 법률을 만들었다면, 이러한 법률은 "대통령의 임기는 5년으로 하며, 중임할 수 없다"라고 규정하고 있는 헌법 제70조에 명백하게 위반하여 헌법을 침해하는 법률임을 어렵지 않게 알 수 있습니다. 그러나 그러한 경우는 오히려 예외적이라고 할 수 있을 만큼, 위헌 여부에 관한 판단은 대체로 까다롭고 복잡한 경우가 일반적입니다.

실제로 오랜 경험과 전문지식을 갖고 있는 헌법재판관들 사

로서 위헌으로 평가받아야 합니다. 따라서 '헌법침해'와 본질적으로 다르지 않다고 생각합니다.

이에서도 위헌 여부에 관하여 의견이 분분하여 다수의견과 소수의견이 다양하게 나누어지는 경우가 많습니다. 앞서 언급한 배우자 있는 자의 간통행위 및 그와의 상간행위를 2년 이하의 징역에 처하도록 규정한 형법 제241조가 헌법에 위반되는지 여부를 둘러싸고도 1990년에는 9명의 헌법재판관들 중에서 6인이 합헌의견, 3인이 위헌의견을 피력했고, 2008년에는 4인이 합헌의견, 1인이 헌법불합치의견, 4인이 위헌의견을 내었으며, 2015년에는 2인이 합헌의견, 7인이 위헌의견을 내었습니다.

6. 이처럼 문제된 국가행위가 헌법적 가치를 구체적으로 실현하는 합헌적인 행위인지 혹은 위헌적인 헌법침해에 해당하는 것인지 여부를 판단하는 것이 어렵고 그 판단에 대해서도 의견이 분분한 경우가 많은 이유는 무엇보다도 다른 규범에 비해서 헌법규범이 갖고 있는 다음과 같은 특수성 때문입니다.

(1) 헌법규범은 추상성과 개방성이 높을 뿐만 아니라 동시에 서로 반대되거나 어긋나는 가치들이 함께 뒤섞여서 경쟁하고 있는 상반규범입니다(헌법규범의 추상성 · 개방성 · 상반규범성).

(2) 구체적 헌법문제에서 해석 · 적용되는 헌법규범은 그 의미가 고정되어 있는 것이 아니라 헌법현실의 변화에 따라서 유

동하는 규범입니다. 그리고 헌법규범의 추상성·개방성 및 상반규범성과 헌법규범의 의미가 헌법현실에서 유동한다는 점은 헌법위반 여부에 대한 판단을 어렵게 하는 중요한 이유일 뿐만 아니라, '헌법개정'을 이해하는 데에도 중요한 의미를 갖습니다.

7. 다른 규범에 비해서 헌법규범이 높은 추상성과 개방성 및 상반규범성을 갖는 것은 무엇보다도 헌법제정 과정의 특수성 때문입니다. 다소 거칠게 표현하자면 헌법이 갖고 있는 날것 그대로의 모습은 '일정한 정치적 공간에서 다양한 집단이나 사람들이 더 많은 가치와 권력을 획득하기 위해서 서로 다투거나 협력하는 과정에서 나타난 힘의 균형점 상태가 규범화된 것'이라고 할 수 있습니다.

예컨대 일정한 정치적 투쟁의 공간에서 특정 1인의 힘이 압도적이라면 절대왕정체제 혹은 이와 유사한 체제의 헌법이 만들어질 것이고, 특정 종교적 가치를 배타적으로 신봉하는 사람들의 힘이 막강하다면 해당 종교를 국교로 인정하거나 정교일치를 지향하는 헌법체제가 등장할 것입니다. 만약 자본가의 힘이 강력하다면 노동자의 권리나 이익을 담보할 수 있는 내용들은 취약해질 것이고, 분배보다는 성장을 강조하는 집단이 주도권을 획득하고 있다면 최저임금제 보장이나 사회보장제도와 관련된 헌법적 기초는 허약해질 것입니다. 여성·어린이·장애인의 정치력이 미약하다면 이들을 보호하기 위한 제도나 질서 마련을 위한 헌법적 내용 또한 미흡할 수밖에 없을 것입니다.

그런데 아주 압도적인 세력이나 힘을 가진 절대자 혹은 특정 집단의 강력한 뒷받침을 받고 있는 것이 아니라면, 정치과정을 통해서 형성된 힘의 균형점 상태를 규범(문서)화하는 과정(즉, 헌법제정 과정)에 주도적으로 참여하여 정치공동체의 근본 질서를 안정적으로 정초하려는 자들은 대체로, 대립되는 집단이나 가치들 상호간의 세세한 투쟁을 구체적으로 포착하여 이를 헌법의 내용으로 명확하게 규율하려는 활동을 가급적 최소화하면서 동시에 대립되는 가치나 이념들을 가급적 모두 담아내려는 전략을 취합니다.

왜냐하면 헌법에 각종 갈등사항들을 빠짐없이 구체적으로 규율하고자 한다면 다양한 이해관계자들 상호간의 다양한 다툼들이 첨예하게 유발될 것이며, 특정 이념이나 가치 지향적인 사항만을 담고자 한다면 다른 이념이나 가치를 지향하는 집단들의 동의를 얻기가 어렵기 때문입니다. 그러면 결국 통일된 정치공동체의 근본 질서 내지는 최고규범인 헌법의 제정은 고사하고, 그나마 흐릿하게 존재하고 있던 정치적 균형점 내지는 타협점조차도 붕괴될 가능성이 높습니다.

실제로 우리 헌법에서도 정치공동체 형성을 위해서 반드시 구체적이고 명확하게 규율해야 할 최소한의 것들——이러한 것들은 대통령이나 국회의원 등과 같은 선출직 권력기관들의 임기 등과 같이 정치적 통일체 형성과 관련하여 미리 명확하게 정해두지 않으면 안 되는 아주 민감한 사항들이 대부분입니다.*——을 제외한 대부분의 사항들은 다의적이고 추상적으로 규율되고 있을 뿐만 아니라,** 일견 모순으로 보일 만큼 서로 상충하는 가치나 이념들이 함께 규율되고 있습니다.***

---

* 예컨대 "국회의원의 임기는 4년으로 한다"라고 규정하고 있는 헌법 제42조, "대통령의 임기는 5년으로 하며, 중임할 수 없다"라고 규정하고 있는 헌법 제70조, "대법원장의 임기는 6년으로 하며, 중임할 수 없다"라고 규정하고 있는 헌법 제105조 제1항 등등을 언급할 수 있겠습니다.

** 예컨대 헌법 제1조 제1항이 규율하고 있는 '민주공화국'이나 제10조 제1문에서 명시하고 있는 "인간으로서의 존엄과 가치" 및 "행복을 추구할 권리", 제8조 제4항에 등장하는 "민주적 기본질서", 제19조에 등장하는 "양심", 제22조에 등장하는 "예술", 제37조 제2항의 "필요한 경우에 한하여" 혹은 "자유와 권리의 본질적인 내용" 등등은 모두 구체적인 경우에 다양한 의미와 내용을 가질 수 있는 아주 추상적인 개념들입니다.

*** 예컨대 헌법은 한편으로는 "통일을 지향"한다고 하면서도(헌법 제4조 제1항) 다른 한편으로는 이미 통일되었음을 전제하고 "대한민국의 영토는 한반도와 그 부속도서로 한다"라는 규정을 마련해두고 있으며(헌법 제3조), 한편으로는 "기본적 인권을 확인하고 이를 보장"하려는 규범이면서도(헌법 제10조) 다른 한편으로는 국민의 모든 자유와 권리를 제한할 수 있는 근거를 마련해두고 있습니다(헌법 제37조 제2항).
또, 한편으로는 정당의 자유를 보장하면서도(헌법 제8조 제1항) 다른 한편으로는 정당을 해산할 수 있는 근거를 마련해두고 있으며(헌법 제8조 제4항), 한편으로는 "개인과 기업의 경제상의 자유와 창의를 존중"한다고 하면서(헌법 제119조 제1항) 다른 한편

이러한 헌법규범의 추상성과 상반규범성은 다양한 집단이나 대립하는 이해관계자들로부터 헌법이 폭넓게 승인될 수 있도록 하여 무엇보다도 정치공동체의 근본 질서 및 윤곽질서를 빠르게 구축하고 최소한의 정치적 평화와 안정을 도모하기 위한 전략적 선택의 귀결이기도 하지만, 다른 한편으로는 구체적인 경우에 발생하는 이해관계자들 상호간의 세세한 다툼들이 민주적 선거를 통해서 충원된 국회 다수파의 주도로 정립되는 법률을 통해서 그때그때마다 조정되거나 규율될 수 있는 폭넓은 가능성을 제공해 줍니다.*

따라서 설사 헌법규범이 다소 미흡하거나 불완전하다고 하

으로는 "경제에 관한 규제와 조정을 할 수 있다"는 규정(헌법 제119조 제2항)을 함께 마련해두고 있습니다.

* 예컨대 최저임금과 관련하여 "시간당 최저임금은 예외없이 10,000원으로 한다" 등과 같은 방식으로 아주 명확한 액수를 헌법에 명시하는 것은 이해관계자들 상호간 극렬한 다툼을 유발시킬 가능성이 많습니다. 따라서 이를 헌법에 조문화하는 것은 현실적으로 거의 불가능하거나, 아주 어려운 과정을 거치며 많은 시간을 소요해야 할 가능성이 높습니다. 또 해당 규정이 헌법에 명문화된다고 하더라도 구체적 헌법현실을 고려해서 최저임금의 액수를 국회가 조정할 수 있는 가능성은 거의 존재하지 않게 됩니다. 왜냐하면 국회는 최고규범인 헌법에 위반되는 법률을 만들 수 없기 때문입니다.
하지만 현행 헌법 제32조 제1항 후단처럼 다소 불명확하긴 하지만 "법률이 정하는 바에 의하여 최저임금제를 시행하여야 한다" 등과 같은 표현은 헌법에 명문화하기가 훨씬 손쉬울 뿐만 아니라, 무엇보다도 그 구체적인 액수에 관해서 국회에서 구체적 헌법현실을 반영하여 법률로써 그때그때마다 유연하게 정할 수 있는 폭넓은 가능성을 열어 줍니다.

더라도 그 미흡함과 불완전함을 헌법규범의 명시적 수정이나 보완 등과 같은 방법이 아니라, 법률을 수정하거나 새롭게 제정하는 방식 등을 통하여 해결할 수 있는 여지가 많다는 점 또한 기억해둘 필요가 있습니다. 이에 관해서는 '헌법개정'의 필요성을 언급할 때 다시 말씀드리도록 하겠습니다.

8. 헌법은 정치적 타협과 투쟁의 산물이자 정치를 규제하며 그 자체로서 정치의 내용이 되는 가장 상위의 정치규범이란 점을 고려한다면, 다른 법규범에 비해서 헌법규범이 갖는 높은 추상성과 상반규범성은 헌법규범의 정립과정에서부터 회피하기 어려운 태생적 특징이라고 할 수 있을 것입니다. 하지만 이러한 헌법규범의 추상성과 상반규범성은 구체적인 경우에 문제된 국가행위가 위헌적인 헌법침해에 해당하는 것인지 여부에 관한 판단을 아주 복잡하고 까다롭게 합니다. 왜냐하면 일견 헌법에 위반되는 것처럼 보이는 국가행위도 또 다른 관점에서 본다면 헌법적 가치를 구현하기 위한 국가행위로 평가될 수 있기 때문입니다.

실제로 앞서 언급한 간통행위를 처벌하는 형법 제241조에 대해서 2015년 헌법재판소 결정의 다수의견은 헌법 제10조 "행복을 추구할 권리"로부터 도출될 수 있는 성적 자기결정권과 헌법 제17조 "사생활의 비밀과 자유"를 침해하여 헌법에 위반된다고 판단했지만, 헌법이 명시적으로 간통행위를 금지하고 있는 것은 아닙니다. "행복을 추구할 권리"나 "사생활의 비밀과 자유"는 그 내용이나 범위가 구체적으로 확정되어야 할 추상적인 개념이란 점에서 충분히 다수의견과 달리 해석할 여지가 있습니다. 특히 해당 결정의 소수의견은 간통행위 처벌규정인 형법 제241조가 "헌법 제36조 제1항의 규정에 의하여 국가에 부과된, 개인의 존엄과 양성의 평등을 기초로 한 혼인과 가족생활의 유지·보호의무의 이행을 위한 것"이라고 하면서 헌법에 위배되지 않는다고 판단했습니다. 다수의견과 소수의견은 모두 헌법을 주장의 근거로 삼았지만 서로 다른 헌법조항에 주목함으로써 상이한 결론을 도출한 것입니다.

바로 이러한 점에서 각종 헌법문제들을 보다 합리적이고 바람직하게 해결하기 위해서는 추상적인 헌법규범의 의미를 구체화하고 개개의 헌법규범들을 종합적으로 파악하여 헌법현실에서 상충하는 헌법규범들 상호간의 조화로운 해석을 도모하는 것이 아주 중요합니다. 이러한 헌법해석 작업들은 헌법을 전문적으로 연구하는 사람들의 주된 관심사항이기도 합니다.

9. 그런데 추상적인 헌법규범의 구체화와 헌법규범들 상호

간 존재하는 상반된 가치들을 조화롭게 해석하는 것 못지않게 헌법침해 여부를 판단함에 있어서 중요한 것은 변화무쌍한 헌법현실을 고려하는 활동입니다. 왜냐하면 법전 안에 변화 없이 언어로 가만히 고정되어 있는 것처럼 보이는 헌법규범이지만, 그 의미와 내용은 헌법현실의 변화와 함께 유동하기 때문입니다.

예컨대 헌법 제36조 제1항은 "혼인과 가족생활은 개인의 존엄과 양성의 평등을 기초로 성립되고 유지되어야 하며, 국가는 이를 보장한다"라고 규정하고 있습니다. 그런데 여기에 등장하는 '양성'兩性을 우리 헌법의 아버지들은 아마도 생식기 등과 같은 신체의 외형이나 생물학적 차원에서의 성별인 남성과 여성을 동시에 포착하는 표현으로 사용했겠지만, 오늘날에는 헌법 제36조 제1항의 '양성'을 외형적으로 구별되는 남성과 여성뿐만 아니라 심리적 혹은 사회·문화적 요인에 의하여 구분할 수 있는 다양한 성 개념을 함께 포착할 수 있는 용어로 이해할 수도 있을 것입니다.

그리고 현재로서는, 그동안 관행적으로 국무총리가 대통령을 견제하거나 나름의 독자적인 실권을 거의 행사하지 않고 단지 대통령의 보좌기관으로서 기능해 온 현실과 "행정권은 대통령을 수반으로 하는 정부에 속한다"라고 규정하고 있는 헌법

제66조 제4항, 그리고 "국무총리는 대통령을 보좌하며, 행정에 관하여 대통령의 명을 받아 행정각부를 통할한다"라고 규정하고 있는 헌법 제86조 제2항 등에 주목해서, 헌법상 국무총리에게 내각구성과 내정에 관한 실질적 권한을 부여하는 것은 헌법위반이라고 평가할 수도 있을 것입니다. 하지만, 앞으로 헌법현실이 변해서 대통령이 스스로 권한을 억제하고 권력을 분산하기 위한 순수한 의도에서 국무총리에게 내각구성과 내정에 관한 실질적 권한을 부여하는 관행이 굳건히 뿌리를 내려 안정적인 정국운영을 가능케 하는 묘안으로 국민들로부터 호응을 얻게 될 경우, 이러한 차원에서 정착된 책임총리제는 헌법위반이 아니라 오히려 국무총리 임명에 반드시 국회의 동의를 얻도록 하고 있는 헌법 제86조 제1항에 보다 잘 부합되는 헌법적 차원의 내용으로서 그 의미를 확보할 수도 있을 것입니다.*

이처럼 헌법현실의 변화로 인해서 헌법규범의 의미가 헌법이 처음 만들어졌을 때 혹은 그때 합의되었던 의미와는 다르게 받아들여짐으로써 궁극적으로 '헌법조문의 변경 없이 헌법규범의 의미가 변화'되는 현상을 일반적으로 '**헌법변천**'이라고 칭하면서 '헌법개정'과는 구분합니다.

---

* 권건보, 「헌법변천론의 비판적 고찰」, 『세계헌법연구 12-2』, 2006, 19쪽.

10. 그런데 헌법현실의 변화가 있다고 해서 항상 헌법규범의 의미 변화를 받아들일 수 있는 것은 아닙니다. 오히려 헌법규범의 의미 변화가 합리적인 '헌법해석'의 결과물인지 여부에 대해서 끊임없이 되물어봐야 합니다.

우리가 헌법을 공부하는 실천적이고 직접적인 의미는 사실 헌법현실에서 발생된 특정 국가행위가 합헌적인 행위여서 용납될 수 있는 것인지 혹은 위헌적인 헌법침해여서 용납될 수 없는 것인지 여부를 판단하기 위함(즉, 국가행위에 대한 헌법적 통제력을 높이기 위함)이라고 할 수 있습니다. 그리고 이를 위해서는 무엇보다도 추상적, 개방적, 그리고 상반규범적 성격을 갖고 있는 헌법규범이 구체적인 개개의 특정 사안들에 대해 합리성과 일관성을 갖춘 설득력 있는 판단기준으로 활용될 수 있게끔 그 의미를 보다 명확하게 밝히는 활동, 즉 '**헌법해석**'이 필수적입니다.

헌법명문규정에 반하면서까지 헌법규범의 의미 변화를 용납하거나 엄격한 논증과정 없이 헌법현실의 변화를 헌법규범의 변화로 바로 대치한다면, 이는 헌법규범을 자의적으로 해석하여 위헌으로 평가받아야 할 사항 내지는 헌법현실상의 관행을 무비판적으로 용납하는 것이 될 수 있습니다. 뿐만 아니라 헌법을 구체적으로 해석·적용해서 심사대상인 국가행위에 대해 종국적으로 위헌 여부를 선언해야 하는 법관(특히, 헌법재판관)의 자의적 권한 확대를 초래할 위험성 또한 적지 않습니다. 이러한 위험성은, 선출되지 않고 임명된 사법관료인 헌법재판관들이 헌법문언과 유리된 자의적인 해석을 통해서 국민을 대표하는 입법기관인 국회에서 만든 법률을 위헌이라고 선언할 경우에 특히 부각됩니다.

11. 그렇다면 결국 헌법변천은 헌법해석을 통해서 허용될 수 있는 범위, 즉 헌법문언의 문리적 표현에 위반되지 않는 범위 내에서 용납될 수 있습니다. 바로 이러한 점에서, 1952년 및 1954년 헌법에서 참의원제도를 두고 있었으나 실제로 참의원을 구성하지 않고 국회를 단원제로 운영한 것, 제3공화국 헌법 이래 헌법에 지방자치에 관한 규정을 두었으나 실시되지 않고 있다가 1991년에 비로소 실시된 것, 혹은 대통령이 국무총리나 감사원장을 임명할 때 "국회의 동의를 얻어"야 함(헌법 제86조 제1항 및 제98조 제2항)에도 불구하고 국회의 동의 없이 소위 '국무총리 서리' 혹은 '감사원장 서리'라는 직함으로 국무총리나 감사원장의 직무를 실질적으로 수행하게 한 행위 등은 '헌법변천'이라는 개념으로 정당화할 수 없는 위헌적 행위, 즉 '헌법침해'라고 평가되어야만 할 것입니다.

12. 헌법이 매우 추상적이고 개방적일 뿐만 아니라 대립되는 가치들을 함께 포용하고 있는 상반규범이어서 변화하는 현실에 탄력적으로 적응할 수 있는 여지가 많다고 하더라도 헌법문언이 명시적으로 표현하고 있는 언어적 한계를 넘어서면서까지 헌법규범의 의미를 변화시킬 수는 없습니다. 헌법변천이란 것도 결국 헌법문언이 표시하고 있는 언어의 한계 내에서만 허용되는 것입니다. 따라서 만약 헌법문언을 넘어서는 헌법규범의 의미 변화를 초래하고자 한다면, 헌법규범의 명시적 표현을 적극적으로 변화시켜야 합니다. 요컨대 헌법변천이 한계에 도달하는 지점에서 우리는 본격적으로 '헌법개정'을 고민해볼 수 있다는 것입니다.

헌법적 문제의 해결에 있어서는 사실로서의 헌법을 의미하는 '헌법현실'과 당위로서의 헌법을 의미하는 '헌법규범' 양자 간의 상호참조과정이 중요합니다만, 적어도 '헌법개정'과 관련하여 고쳐져야 할 직접적 대상으로 '헌법현실'이 아니라 『대한민국헌법』이라는 문서로 포착될 수 있는 '헌법규범'이 주목되어야 하는 이유는 바로 여기에 있습니다. 헌법현실의 변화가 아니라 헌법규범의 변화에 주목하여 '헌법개정'의 의미를 살피는 것은 "주로 문서의 내용 따위를 고쳐 바르게 함"을 뜻하는 '개정'의 사전적 의미에도 부합됩니다.

13. 그렇다면 여기서 말하는 '헌법규범'은 도대체 구체적으로 무엇을 가리키는 것일까요?

우리가 규범을 '마땅히 ~이어야 한다' 등과 같은 당위ought to의 양식을 내포하고 있는 소통/기호체계로 이해한다면, 규범은 '기표'와 '기의'로 분별할 수 있을 것입니다. 같은 맥락에서 헌법규범 또한 지금 제가 들고 있는 이 빨간색 인쇄물 『대한민국헌법』 안에 고정되어 있는 헌법문언(기표)과 그 헌법문언이 갖고 있는 의미(기의)로 구분해볼 수 있을 것입니다. 여기서 헌법현실의 변화로 인한 헌법문언의 의미(기의) 변화에 주목하는 것이 '헌법변천'이라면, '헌법개정'은 헌법문언 그 자체, 즉 기표의 변화와 관련된 것이라고 말할 수 있습니다.

하지만 모든 헌법문언(기표)의 변화를 '헌법개정'이라고 하지는 않습니다. 우리는 일반적으로 헌법문언(기표)의 변화와 관련하여 헌법(규범)적 정당성 여부를 따져 물을 수 없는 경우와 이를 따져 물을 수 있는 경우로 분별한 후, 후자인 헌법(규범)적 정당성 여부를 따져 물을 수 있는 경우 중에서 정당하다고 판단되는 헌법문언(기표)의 변화를 '헌법개정'이라는 개념으로 포착합니다. 이제부터 이 각각의 것들에 대해 더 자세하게 살펴봅시다.

14. 우선 헌법문언(기표)의 변화와 관련하여 헌법(규범)적 정당성 여부를 따져 물을 수 없는 경우는 '헌법개정'이 아니라 **'헌법제정'**이라는 개념으로 포착할 수 있습니다.

우리가 어떤 행위에 대해서 헌법(규범)적 정당성 여부를 검토한다는 것은, 선재先在하는 헌법규범을 승인하고 그것을 기준으로 삼아서 문제된 행위를 심사한 다음 그 행위가 정당한 것인지 아니면 정당하지 않은 것인지 여부를 가린다는 의미입니다. 그런데 애당초 선재先在하는 헌법규범을 깡그리 부정하고 새로운 헌법을 정초하여 이미 그 자체로써 시원적 정당성을 확보하려는 행위인 '헌법제정'에 대해서는 선재先在하는 헌법규범을 승인하는 전제 아래에서 이루어지는 정당성 여부에 관한 판단이 무의미한 것이거나 다른 차원의 문제가 됩니다.

그렇다면 헌법제정의 본질이 무엇이기에 선재先在한 헌법에 근거하여 그 정당성 여부를 물을 수 없는, 즉 그 자체로서 이미 정당한 행위로 평가될 수 있는 것일까요? 여기에 대답하기 위해서 '누가 헌법을 제정할 수 있는가?'라는 물음에 주목해볼 필요가 있습니다.

15. 여러분들은 과연 누가 헌법을 제정할 수 있다고 생각하는지요? 헌법은 모든 국가권력을 얽어매어 묶어둘 수 있는, 즉 기

속할 수 있는 정치공동체의 최고규범입니다. 따라서 최고규범인 헌법을 제정, 즉 만들어 정하기 위해서는 무엇보다도 가장 강력한 최고의 힘을 보유하고 있어야 하지 않을까요? 정치공동체 내부에 존재하는 가장 강력한 최고의 힘, 이것을 우리는 일반적으로 '주권'이란 개념으로 포착합니다.

16. 헌법 제1조 제2항은 "대한민국의 주권은 국민에게 있고, 모든 권력은 국민으로부터 나온다"라고 규정하고 있습니다. 여기에 등장하는 "모든 권력"은 통치 권력을 가리키는 것으로 이해할 수 있는데, 입법권 · 행정권 · 사법권 등과 같은 권력이 바로 그것입니다.

그런데 헌법은 입법권 · 행정권 · 사법권 등과 같은 권력을 직접 규율하고 있을 뿐만 아니라 원칙적으로 입법권은 "국회"에게(헌법 제40조), 행정권은 "대통령을 수반으로 하는 정부"에게(헌법 제66조 제4항), 사법권은 "법관으로 구성된 법원"에게(헌법 제101조 제1항) 각각 분장하고 있는바, 엄밀히 말한다면 이러한 권력의 존재 및 권력행사의 정당성 근거는 '헌법'이라고 해야 할 것입니다. 그러나 헌법은 제1조 제2항 전단에서 대한민국의 "주권"은 국민에게 있다는 점을 밝힌 다음, 후단에서 "모든 권력은 국민으로부터 나온다"라고 함으로써 모든 (통치) 권력의 궁극적 원천으로 '헌법'이 아닌 '국민'을 지목하고 있습니다. 도대체 '주권'은 어떠한 권력이기에 주권을 보유하고 있는 국민이 모든 통치 권력의 궁극적 원천으로 이해될 수 있겠습니까?

17. 주권은 단일한 정치공동체인 국가의 의사를 최종적으로 결정할 수 있는 시원적이고 근본적인 가장 강력한 힘으로서 대내적 최고성과 대외적 자주성 및 독립성을 그 특색으로 하는 권력으로 설명됩니다. 더 구체적으로 말한다면 주권은 정치공동체의 가장 상위에 위치하고 있는 근본 질서인 헌법을 시원적으로 정초하고 탄생케 하는 힘, 즉 '헌법제정권력'을 뜻합니다. 따라서 모든 국가권력의 존재와 권력행사의 정당성 근거인 헌법을 제정할 수 있는 권력(헌법제정권력)인 주권을 보유하고 있는 자를 통치 권력의 원천으로 이해할 수 있는 것입니다.

역사적으로 등장한 혁명 — 혁명의 사전적 의미는 '헌법의 범위를 벗어나 국가기초, 사회제도, 경제제도, 조직 따위를 근본적으로 고치는 일'입니다. 여기서 핵심은 바로 헌법의 범위를 벗어난다는 데 있습니다 — 의 시대에서는 늘 "누가 나라의 주인이 될 것인가?"를 둘러싸고 노골적이고 치열한 싸움이 벌어지는데, 이는 결국 "누가 헌법을 제정할 수 있는 힘을 가질 것인가?"라는 문제, 즉 '헌법제정권력'의 소재를 둘러싼 다툼과 다르지 않습니다. 부르주아 혁명으로 일컬어지는 1789년 프랑스 혁명이 그러했고, 프롤레타리아 혁명으로 일컬어지는 1917년 러시아 혁명도 그러했습니다.

물론 실패한 혁명 및 헌법제정 행위는 현존하는 헌법질서의 폐기를 통한 체제전복을 꾀하는 위험스러운 행위로서 단죄의 대상인 헌법침해로 평가되겠지만,* 성공하면 기존 헌법질서와 단절된 새로운 헌법이 창설되는 것입니다. 실제로 1789년 프랑스 혁명은 프랑스공화국 헌법(1791년)을, 1917년 러시아 혁명은 러시아연방공화국 헌법(1918년)을 최초로 성립시켰습니다. 마찬가지로 1788년 발효된 미합중국 헌법The Constitution of the United States of America 또한 영국의 식민지배에 항거한 미국 독립 혁명의 결과물이며,** 3·1운동으로 건립된 대한민국임시정부는

---

* 1871년 3월 28일부터 5월 28일 사이에 파리 시민과 노동자들의 봉기에 의해서 수립된 혁명적 자치정부인 파리코뮌(Commune de Paris)의 실패나, 1919년 1월 독일 바이마르공화국에서 칼 리프크네히트와 로자 룩셈부르크 등이 중심이 되어서 일으킨 봉기(소위 스파르타쿠스단 봉기)의 실패, 혹은 완전히 같은 맥락이라고 보기는 어렵겠지만 "왕후장상(王侯將相)이 어찌 원래부터 씨가 있겠는가. 때가 오면 누구든지 다 할 수 있는 것이다"라고 하면서 자기들의 상전을 죽이고 집권하여 스스로 공경대부가 되려고 하다가 미수에 그친 고려시대(1198년)의 노비해방운동(이른바 '만적의 난') 또한 이러한 관점에서 평가해볼 수도 있을 것입니다.

** 당시 영국의 식민지 상태에 있던 북아메리카의 13개 주가 모여서 1776년 7월 4일 독립을 선포하고 약 8년간에 걸친 전쟁을 수행한 끝에 1783년 9월 3일 파리조약을 거쳐 미합중국(United States of America)이라는 완전한 독립국이 탄생하게 되었습니다.

물론이고 1948년 7월 12일에 제정된 대한민국헌법 또한 일본의 식민지배에 항거한 독립혁명의 성과물입니다.*

18. "3·1운동으로 건립된 대한민국임시정부의 법통과 불의에 항거한 4·19 민주이념을 계승"하고 있는 현행 대한민국헌법은 제1조 제2항 전단에서 대한민국이라는 독립된 정치공동체 내에 존재하는 모든 권력의 원천이자 가장 강력한 최고의 권력인 헌법을 제정하는 권력(헌법제정권력), 즉 '대한민국의 주권'은 국민에게 있다는 점을 뚜렷하게 밝히면서, 동시에 제1조 제2항 후단에서 입법권·행정권·사법권 등과 같은 통치 권력은 '헌법제정권력'의 발동으로 탄생한 헌법에 의해서 그 정당성 여부가 판단되어야 하는 권력에 지나지 않는다는 점에서 "모든 권력은 국민으로부터 나온다"는 점을 확인하고 있는 것입니다.

그리고 전문에서 "유구한 역사와 전통에 빛나는 우리 대한국민은 (…) 1948년 7월 12일에 제정되고 8차에 걸쳐 개정된 헌

* 1948년 7월 12일 제정된 대한민국헌법 전문은 "유구한 역사와 전통에 빛나는 우리들 대한국민은 기미 삼일운동으로 대한민국을 건립하여 세계에 선포한 위대한 독립정신을 계승하여 이제 민주독립국가를 재건함에 있어서 (…) 단기 4281년 7월 12일 이 헌법을 제정한다"라고 되어 있습니다. 즉 3·1운동으로 대한민국이 건립되었다는 점, 그리고 이렇게 건립되었던 "민주독립국가"를 다시 일으켜 세움, 즉 "재건"하는 일환으로서 "단기 4281년 7월 12일 이 헌법을 제정한다"고 명시하고 있는 것입니다.

법을 이제 국회의 의결을 거쳐 국민투표에 의하여 개정한다"라고 함으로써 '제정'과 '개정'을 분별하고 있습니다. 뿐만 아니라 우리의 일상적인 언어 용법에 비추어 보아도 제정과 개정은 분별됩니다. 즉 새롭게 만들어 정하는 것을 '제정'이라고 하는 반면에, 이미 만들어 정해져 있는 것을 고쳐 바르게 하는 것을 '개정'이라고 합니다(존재하고 있지도 않은 대상을 '고쳐 바르게 한다는 것'은 논리적으로도 가능치 않습니다).*

이러한 맥락에서 살핀다면 헌법제정의 본질은 헌법제정권력(즉, 주권)의 직접적 발동에 기초하여 기존 헌법과의 연속성을 단절시키고 본질적으로 새로운 헌법규범을 정초하는 혁명적 행위라고 할 수 있습니다. 따라서 선재先在하는 헌법규범을 승인하여 기존 헌법의 동일성 및 계속성을 유지하는 헌법체제 내적인 행위에 해당하는 '헌법개정'과는 구별됩니다.

19. 그런데 식민지배로부터 독립을 달성하고 국민주권이라는 관념이 이미 일반화된 오늘날 대한민국에서 혁명을 통한 헌법제정권력 그 자체의 급격한 변화 내지는 새로운 헌법제정을

---

* 개정(改正)의 '개'(改)는 '고치다'라는 의미이며, '정'(正)은 '바르다'라는 뜻입니다. '고쳐 바르게 함'이 개정의 사전적 의미라고 할 수 있습니다. 따라서 '개정'은 고쳐 바로잡아야 할 대상이 이미 '만들어 정해져 있음'(즉, '제정되어 있음')을 전제로 합니다.

부르짖는 것은 반동이 될 가능성이 많습니다. 왜냐하면 1인 혹은 소수 귀족에 의한 지배에서 벗어나 부르주아 계층은 물론이고 프롤레타리아를 포함한, 그리고 성별·종교 또는 사회적 신분 등을 가리지 않고 모든 국민이 나라의 주인이라는 점이 '헌법규범'상 이미 달성되어버린 현 상황에서* 헌법제정권력(주권)의 소재를 변화시키려는 것은 다시 구체제를 부활하기 위하여 취하는 정치적 행동으로 평가될 여지가 많기 때문입니다.

바로 이러한 이유 때문에 헌법현실의 여러 가지 어려움에도 불구하고 오늘날 혁명론 내지는 주권이론(헌법제정권력이론)이 큰 이목을 끌지 못하고 있다고 생각합니다. 헌법규범 및 헌법현실의 변화를 추구함에 있어서 기존 헌법을 파기하는 혁명적인 '헌법제정'이 아니라 헌법체제 내적인 변화행위에 더 주목해야 하는 이유 또한 같은 맥락입니다.

20. 한편 헌법문언의 변화와 관련하여 헌법적 정당성 여부를

---

* 헌법 제1조 제2항은 "대한민국의 주권은 국민에게 있고, 모든 권력은 국민으로부터 나온다"라고 규정하고 있으며, 헌법 제11조 제1항은 "모든 국민은 법 앞에 평등하다. 누구든지 성별·종교 또는 사회적 신분에 의하여 정치적·경제적·사회적·문화적 생활의 모든 영역에 있어서 차별을 받지 아니한다"라고 명시하고 있습니다. 결국 모든 국민은 차별 없이 대한민국의 주권을 보유하고 있다는 것이 헌법규범의 의미라고 보아야 할 것입니다.

따져 물을 수 있는 경우에는 '헌법개정'뿐만 아니라 '헌법폐지'라는 것도 있습니다. '헌법개정'은 선재先在하는 헌법에 비추어서 헌법문언(기표)의 변화가 정당하다고 인정받을 수 있는 행위입니다. 반면에 '**헌법폐지**'는 새로운 헌법질서를 정초하는 혁명적 행위(헌법제정 행위)가 아니면서 기존 헌법을 배제/위반하여 행해지는 헌법문언(기표)의 적극적 변화행위(수정·삭제·추가·교체 행위)를 말합니다. 이러한 '헌법폐지'를 유발하는 가장 대표적인 계기는 바로 정변이나 쿠데타 등과 같은 방식으로 행해지는 권력담당자의 권력 유지 내지는 권력 교체 행위입니다.

'헌법폐지'는 기존 지배체제의 전면적 변혁이 아니라 권력 이동(혹은 권력 유지)을 위한 기존 헌법규범의 적극적 배제라는 점에서 기존 헌법의 파기를 통해서 지배체제 전체를 변혁시키는 혁명의 산물인 '헌법제정(혹은 헌법파기)'과도 구별됩니다. 우리 헌정사에서 5·16 군사 쿠데타 이후 기존에 존재하던 제2공화국헌법이 정한 절차가 아닌 국가재건최고회의가 제정한 국민투표법에 의하여 치러진 국민투표를 통하여 제2공화국헌법이 제3공화국헌법으로 교체된 것은 헌법폐지의 대표적인 경우에 해당합니다.

21. 이제 여러분들은 '헌법개정'이 무엇을 의미하는 것인지

를 보다 뚜렷하게 이해할 수 있을 것입니다. 요컨대 헌법현실에서 발생되는 각종 헌법규범 위반행위로서 위헌으로 평가받아야 할 '**헌법침해**'Verfassungsdurchbrechung, 헌법현실의 변화로 인한 '헌법문언(기표)의 변경 없는 헌법규범의 의미(기의) 변화'를 뜻하는 '**헌법변천**'Verfassungswandlung, 기존 헌법과의 연속성을 단절시키고 본질적으로 새로운 헌법을 정초하는 혁명적 행위인 '**헌법제정**'Verfassungsvernichtung(혹은 헌법파기), 5·16 군사 쿠데타의 결과물로 제2공화국헌법이 제3공화국헌법으로 교체된 것과 같이 기존 헌법을 위반하면서 행해지는 헌법문언의 적극적 변화행위 내지는 헌법교체Verfassungswechsel를 의미하는 '**헌법폐지**' Verfassungsbeseitigung 등과 구별되는 행위로서, 기존 헌법의 동일성 및 계속성을 유지한 채 기존 헌법이 정한 절차/방식에 따라서 기존 헌법의 문언(헌법조항)을 명시적으로 수정·삭제·추가·교체하는 행위가 바로 '**헌법개정**'Verfassungsänderung인 것입니다.

'헌법개정'의 한계

헌법개정의 형식적 한계 | 헌법개정 절차에서 소외되기 쉬운 주권자 | 헌법개정의 내용적 한계 | 헌법개정의 효력범위 제한 | 개헌 논의에 대한 성찰의 계기로서 헌법개정이론

1. '헌법개정'은 기존 헌법의 동일성 및 계속성을 유지한 채 기존 헌법이 정한 절차/방식에 따라서 행해져야 합니다. 설사 '헌법개정'이라는 이름 아래 헌법문언에 대한 수정이 이루어진다고 하더라도 기존 헌법의 핵심사항이 폐기 혹은 변경되어 수정 헌법의 내용이 실질적으로 기존 헌법을 계승한 것이라고 볼 수 없을 정도에 이르거나, 혹은 수정 헌법과 기존 헌법 상호 간의 동일성이 유지된다고 하더라도 기존 헌법이 정한 절차나 방식이 준수되지 않은 경우라면, 이러한 헌법문언에 대한 수정은 '헌법침해', '헌법제정' 혹은 '헌법폐지'일 수는 있어도 '헌법개정'이라고 할 수는 없습니다.

헌법개정은 기존 헌법에 비추어 정당하다고 인정될 수 있는 행위이므로 형식적 차원에서는 기존 헌법이 정한 절차나 방식이 준수되어야 하며(헌법개정의 형식적 한계), 내용적 차원에서는 기존 헌법과의 동일성·계속성이 유지되어야 한다는 것입니다(헌법개정의 내용적 한계). 헌법 제10장 헌법개정(헌법 제128조 ~ 제130조)에 주목하면서 헌법개정의 한계를 보다 구체적으로 살펴봅시다.

2. 헌법 제10장의 조항을 통해서 우선 확인할 수 있는 것은 '헌법개정'을 통한 헌법문언의 명시적 변화 과정에서 준수해야 할 형식적 한계(헌법개정 절차)에 관한 규율입니다. 헌법 제10장에 따르면 헌법개정은 다음과 같은 5단계로 행해집니다.

① 제안 → ② 공고 → ③ 의결 → ④ 국민투표 → ⑤ 공포.

3. **제안**은 국회재적의원 과반수 또는 대통령의 발의가 있어야 가능합니다(헌법 제128조). 그런데 헌법 제41조 제2항에서는 "국회의원의 수는 법률로 정하되, 200인 이상으로 한다"라고 규정하고 있으며, 이를 구체화하고 있는 현행 공직선거법 제21조 제1항은 "국회의 의원정수는 지역구 국회의원과 비례대표 국회의원을 합하여 300명으로 한다"라고 되어 있습니다. 따라서 국회의원이 결원 없이 모두 충원되어 있는 경우라면

제10장 헌법개정

제128조 ① 헌법개정은 국회재적의원 과반수 또는 대통령의 발의로 제안된다.

② 대통령의 임기연장 또는 중임변경을 위한 헌법개정은 그 헌법개정 제안 당시의 대통령에 대하여는 효력이 없다.

제129조 제안된 헌법개정안은 대통령이 20일 이상의 기간 이를 공고하여야 한다.

제130조 ① 국회는 헌법개정안이 공고된 날로부터 60일 이내에 의결하여야 하며, 국회의 의결은 재적의원 3분의 2 이상의 찬성을 얻어야 한다.

② 헌법개정안은 국회가 의결한 후 30일 이내에 국민투표에 부쳐 국회의원 선거권자 과반수의 투표와 투표자 과반수의 찬성을 얻어야 한다.

③ 헌법개정안이 제2항의 찬성을 얻은 때에는 헌법개정은 확정되며, 대통령은 즉시 이를 공포하여야 한다.

150명이 넘는 수의 국회의원이 헌법개정안을 제출(즉, 발의)함으로써 헌법개정을 제안할 수 있습니다. 대통령이 헌법개정을 발의할 경우에는 헌법 제89조 제3호에 따라서 국무회의의 심의를 거쳐야 합니다. 한편 우리 헌법은 국민이 직접 헌법개정을 발의할 수 있는 제도(즉, 헌법개정에 관한 국민발의제)를 예정하고 있지 않습니다.

4. 제안된 헌법개정안은 "20일 이상" **공고**해야만 합니다(헌법 제129조). 반드시 일정 기간 동안 공고하도록 요구하는 것은 헌법개정안에 대해서 충분히 인지하고 충분한 토론을 거치기 위함입니다. 헌법개정은 정치공동체의 최고규범을 바꾸어 국가의 근본질서를 변화시키는 일이므로 신중함을 기해야 할 것입니다. 따라서 제안된 헌법개정안에 대해서 공고기간을 충분하게 보장하는 것이 중요합니다. 참고로 건국헌법은 헌법개정안의 공고기간을 "30일 이상"으로 규정했으나, 1972년 유신헌법에서부터 공고기간이 "20일 이상"으로 축소되어 현행 헌법에 이르고 있습니다.

5. 헌법개정안은 공고된 날로부터 "60일 이내에" 국회에서 **의결**되어야 합니다(헌법 제130조 제1항). 헌법개정안에 대한 국회의 의결은 재적의원 3분의 2 이상의 찬성을 얻어야 합니다. 그리고 헌법개정안에 대한 국회의 표결은 국회법 제112조 제4항에 따라서 기명투표로 행해집니다. 한편 국회는 헌법개정안에 대해서 원안에 대한 가부투표만 가능하고, 공고된 헌법개정안을 수정해서 의결할 수는 없는 것으로 이해됩니다. 공고된 헌법개정안을 국회에서 임의로 수정하여 의결하는 것은 헌법개정안의 공고제도를 마련해두고 있는 헌법 제129조를 무의미하

게 만드는 것이기 때문입니다.

6. 국회에서 의결된 헌법개정안에 대해서는 “30일 이내에” **국민투표**에 부쳐, 국회의원 선거권자 “과반수의 투표”와 “투표자 과반수의 찬성”을 얻으면 헌법개정이 확정됩니다(헌법 제130조). 한편 헌법개정안에 대한 국민투표를 위해서는 사전에 반드시 국회의결을 거쳐야 합니다.

또 헌법 제72조는 “대통령은 필요하다고 인정할 때에는 외교·국방·통일 기타 국가안위에 관한 중요정책을 국민투표에 부칠 수 있다”고 명시하고 있는데, 제안된 헌법개정안이 설사 헌법 제72조가 명시하고 있는 “외교·국방·통일 기타 국가안위에 관한 중요정책”에 해당된다고 하더라도 대통령이 국회의결을 거치지 않고 국민에게 직접 헌법개정안에 대해서 찬반의사를 물을 수는 없습니다.

7. 국민투표를 통해서 확정된 헌법개정은 대통령이 즉시 **공포**해야 합니다(헌법 제130조 제3항). 국민투표에서 국회의원 선거권자 과반수의 투표와 투표자 과반수의 찬성을 얻으면 헌법개정은 확정되기 때문에(헌법 제130조 제3항 전단), 설사 대통령이 확정된 개정헌법을 공포하지 않는다고 하여 헌법개정이 실

패한 것은 아닙니다. 다만 개정헌법의 효력은 공포 시에 발생하므로 대통령이 장기간 개정헌법을 공포하지 않음으로써 개정헌법의 효력 발생을 저지할 우려가 있습니다.

물론 확정된 개정헌법을 즉시 공포하지 않는 대통령의 행위는 헌법 제130조 제3항을 위반한 행위로서 헌법 제65조*에 따라 탄핵될 수 있는 사유임에는 틀림없습니다. 하지만 이러한 경우라면 법률의 공포와 관련하여 예외적으로 국회의장의 공포권을 인정한 헌법 제53조 제6항**을 준용하는 방법으로도 해결

---

* 헌법 제65조 ① 대통령·국무총리·국무위원·행정각부의 장·헌법재판소 재판관·법관·중앙선거관리위원회 위원·감사원장·감사위원 기타 법률이 정한 공무원이 그 직무집행에 있어서 헌법이나 법률을 위배한 때에는 국회는 탄핵의 소추를 의결할 수 있다. ② 제1항의 탄핵소추는 국회재적의원 3분의 1 이상의 발의가 있어야 하며, 그 의결은 국회재적의원 과반수의 찬성이 있어야 한다. 다만, 대통령에 대한 탄핵소추는 국회재적의원 과반수의 발의와 국회재적의원 3분의 2 이상의 찬성이 있어야 한다. ③ 탄핵소추의 의결을 받은 자는 탄핵심판이 있을 때까지 그 권한행사가 정지된다. ④ 탄핵결정은 공직으로부터 파면함에 그친다. 그러나, 이에 의하여 민사상이나 형사상의 책임이 면제되지는 아니한다.

** 헌법 제53조 ① 국회에서 의결된 법률안은 정부에 이송되어 15일 이내에 대통령이 공포한다. ② 법률안에 이의가 있을 때에는 대통령은 제1항의 기간 내에 이의서를 붙여 국회로 환부하고, 그 재의를 요구할 수 있다. 국회의 폐회 중에도 또한 같다. ③ 대통령은 법률안의 일부에 대하여 또는 법률안을 수정하여 재의를 요구할 수 없다. ④ 재의의 요구가 있을 때에는 국회는 재의에 부치고, 재적의원 과반수의 출석과 출석의원 3분의 2 이상의 찬성으로 전과 같은 의결을 하면 그 법률안은 법률로서 확정된다. ⑤ 대통령이 제1항의 기간 내에 공포나 재의의 요구를 하지 아니한 때에도 그 법률안은 법률로서 확정된다. ⑥ 대통령은 제4항과 제5항의 규정에 의하여 확정된 법률을 지체 없이 공포하여야 한다. 제5항에 의하여 법률이 확정된 후 또는 제4항에 의한 확정법률이 정

할 수 있을 것으로 생각됩니다.

8. 헌법개정 절차에서 국민이 직접 관여하여 나름의 역할을 할 수 있는 부분은 아주 제한적입니다. 국회재적의원 3분의 2 이상의 찬성으로 의결된 헌법개정안에 대해서 찬성 혹은 반대의 의사를 표시하는 국민투표과정에서 비로소 국민이 직접 참여할 수 있을 뿐입니다.

따라서 국회를 구성하는 절대 다수의 국회의원들이 공동체의 현재와 미래를 통찰할 수 있는 충분한 능력을 갖추고 참된 국민의 대표자로서 그 역할을 성실하게 수행하고 있는 것이 아니라면, 헌법개정 과정에서 주권자인 국민은 소외되기 쉽습니다. 주권자인 국민이 국회에서 의결한 헌법개정안에 대해 오직 찬성 혹은 반대라는 양자택일의 강요된 선택과 마주할 수밖에 없는 객체로 전락하는 것에서 더 나아가, 삶의 후퇴를 가져올 수도 있는 헌법개정안에 대해 충분한 숙고 없이 그 정당성을 부여해주고 이를 스스로 승인한 꼴이 될 수 있다는 것입니다.

이러한 위험성은 특정 쟁점에 국한해서 행해지는 헌법개정

부에 이송된 후 5일 이내에 대통령이 공포하지 아니할 때에는 국회의장이 이를 공포한다. ⑦ 법률은 특별한 규정이 없는 한 공포한 날로부터 20일을 경과함으로써 효력을 발생한다.

(소위 '원 포인트 헌법개정')보다는 짧은 시간에 헌법을 전면 개정하려고 할 경우에 더욱 극대화될 것입니다. 왜냐하면 전면 개헌안이 담고 있는 다양한 쟁점과 내용들에 대한 충분한 검토와 이에 기초한 국민들 상호간 폭넓은 공감대가 형성되기도 전에 국민들은 찬성과 반대를 선택해야 하는 상황에 내몰릴 가능성이 높기 때문입니다.*

따라서 우리가 우리 삶의 고양과 좋은 공동체를 만들기 위해서 헌법을 개정하고자 한다면, '헌법개정'에 관한 논의를 본격화하기 이전에 무엇보다도 다음과 같은 물음을 던져보아야 합니다. 우리는 헌법개정안을 의결하여 우리 앞에 내놓을 국회 및

---

* 헌법상 헌법개정안의 공고기간은 "20일 이상"에 지나지 않을 뿐만 아니라(헌법 제129조), 공고된 날로부터 "60일 이내"라는 짧은 기간 안에 국회는 이를 의결해야 합니다(헌법 제130조 제1항). 그리고 국회에서 헌법개정안이 의결된 후 "30일 이내"에 국민투표를 거쳐야 합니다(헌법 제130조 제2항). 요컨대 헌법에 따르면, 제안된 헌법개정안에 대해서 20일간 공고하고 그 다음날 국회에서 이를 의결하게 되면, 의결한 다음 날(즉, 헌법개정안이 제안된 날로부터 22일째)에는 국민투표에 부칠 수 있다는 것입니다.

따라서 극단적으로는 불과 20여 일이라는 기간 안에 (바쁘고 복잡한 헌법현실을 살아가는 주권자인) 국민이 (자신과 공동체의 현재 및 미래와 관련된 중차대한 문제를 담고 있는) 개헌안에 대해 찬성과 반대의 입장을 정해야 하는 상황으로 내몰릴 수 있게 됩니다. 헌법개정을 위한 국민투표에 참여할 국민들 상호간의 토론과 검토의 기회를 충분히 부여하고 있다고 보기 어려운 헌법규정을 고려한다면, 현행 헌법은 기본적으로 '전면 개헌'보다는 '원 포인트 개헌'에 보다 친화적으로 설계되어 있다고 볼 수도 있겠습니다.

그 구성원인 국회의원들을 과연 얼마나 신뢰할 수 있는가?

이러한 물음에 대한 대답이 부정적이면 부정적일수록 우리의 개헌의지가 개헌과정에서 왜곡되고 이미 우리가 쟁취했던 것들조차도 잃어버릴 가능성이 많다는 점을 기억해야 할 것입니다. 국회에 대한 우리의 신뢰가 회복된 연후에 '헌법개정'에 관한 논의를 본격화하는 것이, 더 좋은 헌법을 갖고자 하는 우리의 바람을 실현하는 좀더 슬기로운 방법일 수 있습니다.

9. 한편 '헌법개정'에 있어서 준수되어야 할 내용적 한계와 관련해서는 무엇보다도 "대통령의 임기연장 또는 중임변경을 위한 헌법개정은 그 헌법개정 제안 당시의 대통령에 대하여는 효력이 없다"라고 규정하고 있는 헌법 제128조 제2항을 주목해 볼 수 있겠습니다. 이 조항은 엄격히 말한다면 개정금지조항이 아니라 개정의 '효력범위를 제한'하는 조항이라고 할 수 있습니다. 즉 대통령의 임기연장이나 중임변경을 위한 헌법개정 그 자체가 금지되는 것이 아니라, 해당 헌법개정이 제안된 당시의 대통령에 대해서 헌법개정의 효력이 미치지 않도록 효력의 인적 범위를 제한하고 있을 뿐입니다.*

---

* 이준일, 『헌법학강의』, 홍문사, 2015, 47쪽.

뿐만 아니라 헌법 제128조 제2항 그 자체의 개정이 금지되는 것은 아니기 때문에, '헌법개정의 인적 효력범위를 제한하는 이 규정 자체를 먼저 개정하여 삭제한 다음, 임기연장이나 중임변경을 위한 헌법개정을 한 경우'라면 결과적으로 대통령의 임기연장 또는 중임변경을 위한 헌법개정이 그 헌법개정 제안 당시의 대통령에게도 효력이 미칠 수 있게 됩니다. 물론 이를 위해서는 두 번의 헌법개정──즉, 헌법 제128조 제2항을 삭제하는 첫 번째 헌법개정과, 대통령의 임기연장이나 중임변경을 위한 두 번째 헌법개정──이 (첫 번째 헌법개정이 제안된 당시의 대통령이 재임하고 있는 기간 중에) 잇달아 이루어져야 하므로, 헌법현실에서 이러한 개정이 발생할 가능성은 현재로서는 희박해 보입니다.

10. 그리고 헌법이 명시하고 있지는 않지만, 주권(혹은 헌법제정권력)의 소재에 관한 근본적인 변동을 초래하거나 헌법의 핵심가치인 국민의 기본적 인권을 말살하는 경우, 혹은 민주주의나 법치주의 같은 헌법의 근간을 이루는 기본질서를 폐기 혹은 무의미하게 만드는 헌법문언의 수정행위는 기존 헌법과의 동일성 및 계속성을 일탈한 것이므로 헌법개정의 내용적 한계를 넘어서는 행위라고 보아야 할 것입니다. 따라서 대한민국의 주

권을 외국이나 특정 사회적 계급으로 이전하거나, 국민을 노예 상태로 만들거나, 혹은 권력분립을 완전히 폐기하여 특정인 혹은 특정 기관에게 모든 권력을 집중하도록 헌법문언을 변화시킨다면, 이러한 변화는 설사 헌법이 요구하는 헌법개정 절차를 준수하는 가운데 행해졌다고 하더라도 '헌법개정'이라는 이름으로 정당화될 수 없습니다.

11. 지금까지 우리는 헌법개정의 의미와 그 한계에 관해서 다소 이론적인 사항들을 살펴보았습니다. 이러한 논의들을 기초로 삼아서 2부에서는 본 강의 모두에서 말씀드린 것처럼 '10월 24일 국회시정연설에서 행한 박근혜 대통령의 개헌촉구선언'에 대한 헌법적 평가를 시도해보고, 이어서 자유로운 질의 응답 시간을 갖도록 하겠습니다. 이를 통해서 헌법현실에서 발생되고 있는 각종 헌법개정 논의들에 대한 비판적 성찰의 계기가 마련될 수 있으면 좋겠습니다. 잠시 쉬었다가 계속하겠습니다.

2

헌법개정 논의들에 대한 구체적 검토

'10·24 개헌촉구선언'에 대한 헌법적 평가

헌법적 평가의 대상으로서 국가행위 | 헌법공부의 의미로서 '국가권력과의 대결' | 헌법적 최대정의를 추구하는 '정치'와 헌법적 최소정의를 유지하려는 '사법' | 정치의 사법화와 사법의 정치화 | 헌법개정의 동력으로서 국민적 공감대

1. 평가는 어떤 대상 혹은 사태에 대해서 좋고 나쁨, 잘하고 못함, 옳고 그름 따위를 헤아리는 활동을 의미합니다. 여러분들은 '10월 24일 국회시정연설에서 행한 박근혜 대통령의 개헌촉구선언'—'10·24 개헌촉구선언'이라고 합시다—을 어떻게 평가하는지요? 대통령이 사용한 단어나 표정 등에 주목해서 어휘력 내지는 의사소통 능력이 탁월하다거나 미흡하다고 평가할 수도 있을 것이며, 대통령의 차림새에 주목해서 우아하고 화려하다거나 단정하고 세련되었다고 평가할 수도 있을 것입니다. 혹은 개헌촉구선언의 의도에 주목해서 대통령 측근에 의

한 국정농단이나 각종 정책실패 등으로 인해 야기될 수 있는 비난을 모면하기 위한 간교한 술책이라고 비난하거나 임기 말 지도력의 공백을 방지하기 위한 계책이라고 평할 수도 있을 것입니다. 물론 대통령의 개헌촉구선언이 사회에 미치는 파장이나 이를 바라보는 대중들에 주목해서 사회적·문화적 혹은 심리적 차원에서의 평가 또한 가능할 것입니다. 하지만 여기서 우리가 주목하려는 것은 가치판단의 기준을 헌법에 두고 행하는 평가, 즉 평가되어야 할 대상이 헌법에 얼마나 잘 부합되는지 여부를 면밀하게 따져 보는 '헌법적 평가'입니다.

2. 그런데 우리가 무엇에 대한 평가를 통해서 일정한 결론을 도출하기 위해서는 무엇보다도 가치판단 내지는 평가의 기준(**심사기준**)은 물론이고 평가의 대상(**심사대상**)에 관해서도 기본적인 합의가 있어야 합니다. 헌법적 평가의 '심사기준'인 헌법이 어떠한 규범인지에 관해서는 앞서서 간략히 검토했으므로, 헌법적 평가의 전제조건이라고 할 수 있는 '심사대상'과 관련하여 기본적인 사항들을 정리한 다음 본격적으로 '10·24 개헌촉구선언'을 검토해봅시다.

3. 헌법은 무엇을 심사대상으로 하는 규범일까요? 여러분

들의 행위는 헌법적 평가의 대상이 될까요? 여러분들은 헌법을 준수해야 한다고 생각합니까? 엄밀히 말한다면 원칙적으로 여러분들은 헌법을 준수해야 할 직접적 의무가 있다고 보기는 어렵습니다. 오히려 여러분들은 헌법이 아니라 법률을 준수하면 그것으로 족한 경우가 대부분입니다. 설령 여러분들의 행위가 헌법에 위반된다고 하더라도, 원칙적으로 법률을 통하지 않고서는 국가는 여러분들에게 어떠한 불이익도 부과할 수 없습니다.*

예컨대 헌법은 모든 국민을 대상으로 납세의 의무(헌법 제38조)나 국방의 의무(헌법 제39조 제1항) 등을 명시하고 있지만, 이러한 의무들을 구체화하는 법률이 없다면 국가는 직접 헌법에 근거해서 여러분들에게 세금을 걷거나 병역의무를 부과할 수 없을 뿐만 아니라, 납세나 병역 의무를 위반한 행위에 대해 제재할 수도 없습니다.** 다시 말해 국민으로서 우리가 부담하는

---

* 이러한 점은 국민의 모든 자유와 권리는 "법률로써" 제한할 수 있도록 규정하고 있는 헌법 제37조 제2항("국민의 모든 자유와 권리는 국가안전보장·질서유지 또는 공공복리를 위하여 필요한 경우에 한하여 법률로써 제한할 수 있으며, 제한하는 경우에도 자유와 권리의 본질적인 내용을 침해할 수 없다")을 통해서도 뚜렷하게 확인됩니다.

** 만약 정부에서 법률에 근거하지 않고 직접 헌법에 근거해서 일정한 행위를 하거나 혹은 국민들에게 일정한 조치를 취한다면, 이는 원칙적으로 헌법 제40조("입법권은 국회에 속한다")를 무의미하게 만드는 행위일 뿐만 아니라, 법치주의에도 반하는 행위가 됩니다.

헌법적 차원의 의무라고 하더라도 그 의무의 이행 여부는 법률 등과 같은 헌법하위규범을 통해서 심사될 뿐, 헌법을 통해서 직접 평가되는 것은 아닙니다.

뿐만 아니라 만약 여러분들이 거짓말을 하거나 빌린 돈을 갚지 않거나 혹은 다른 사람과 싸우거나 누구의 물건을 훔치는 행위 등을 했다고 하더라도, 이러한 행위는 민법이나 형법 등과 같은 규범으로 평가받을 수는 있어도 헌법을 통해서 직접 평가받을 행위는 아닙니다. 마찬가지로 제가 지금 여기에서 행하는 강의 또한 헌법적 차원에서 평가하기에는 적절하지 않습니다. 왜냐하면 헌법을 제정하는 힘을 보유하고 있는 주권자인 국민의 행위가 헌법을 통해서 평가받는 것이 아니라, 헌법을 통해서 만들어진 국가권력 내지는 국가기관들의 행위가 헌법적 평가의 대상이기 때문입니다.

4. 헌법은 원칙적으로 국가(기관)의 행위를 심사대상으로 삼아서 이를 평가하고 통제하는 규범입니다. 실제로 헌법적 논증의 대표자라고 할 수 있는 헌법재판소가 관장하는 심판 중에서 "정당의 해산 심판"을 제외한 모든 심판은 국가행위 그 자체 또는 국가행위의 결과물을 심사대상(혹은 심판대상)으로 합니다. 위헌법률심판은 국회의 입법행위의 결과물인 법률, 탄핵심판

사건은 헌법 제65조가 정한 국가기관(대통령·국무총리·국무위원·행정각부의 장·헌법재판소 재판관·법관·중앙선거관리위원회 위원·감사원장·감사위원·기타 법률이 정한 공무원 등)의 직무집행, 헌법소원심판은 기본권침해 여부가 문제된 공권력의 행사나 불행사, 권한쟁의심판은 국가기관 상호간 또는 국가기관과 지방자치단체 및 지방자치단체 상호간 권한의 유무 또는 범위에 관한 다툼이 각각 심사대상입니다.

바로 이러한 점에서 헌법을 공부한다는 것은 우리를 지배하고 있는 가장 강력한 힘, 특히 국가권력과 대결한다는 의미를 갖습니다. 물론 자본권력 또한 우리 삶을 지배하고 있는 아주 강력한 힘임에는 틀림없습니다. 하지만 재벌 총수 또한 검찰이 부르면 설사 아파서 거동이 불편하더라도 휠체어를 타고서라도 출두하고 있는 헌법현실을 고려한다면, 여전히 국가권력의 강력함을 우리는 쉽게 확인할 수 있습니다.

5. 요컨대 헌법은 기본적으로 국가(기관)의 행위를 평가하고 통제하는 근본법이자 최고규범입니다. 따라서 우리가 어떤 행위에 대해 헌법적 평가 내지는 통제를 시작하기 위해서는 우선 심사대상인 해당 행위가 헌법적 평가의 대상이 되는지 여부, 즉 국가(기관)의 행위인지 여부부터 확인해야 합니다.

지난 10월 24일 박근혜 대통령이 국회에서 연설을 한 것은 자연인 박근혜의 사사로운 행위가 아니라 국가기관인 대통령의 직무행위임은 분명합니다. 더 구체적으로는 "대통령은 국회에 출석하여 발언하거나 서한으로 의견을 표시할 수 있다"라고 규정하고 있는 헌법 제81조에 근거를 둔 공권력 내지는 공적 권한의 행사라고 할 수 있습니다. 따라서 '10·24 개헌촉구선언'은 헌법을 기준으로 해당 행위에 대해서 옳고 그름 혹은 적절성 여부 등이 심사될 수 있는 국가기관인 대통령의 행위입니다. '10·24 개헌촉구선언'의 주요 내용을 확인한 다음, 본격적으로 헌법적 평가를 시작해봅시다.

박근혜 대통령의 국회시정연설 내용 중 개헌 관련 내용*

(…)

존경하는 국민 여러분, 국회의원 여러분,

우리 대한민국은 반세기만에 전쟁의 폐허를 극복하고, 눈부신 경제성장과

---

* 박근혜 전 대통령의 국회시정연설 전문은 2016년 10월 24일 『한겨레』 기사(http://www.hani.co.kr/arti/politics/bluehouse/766962.html) 참조.

민주화를 이룩하며 선진국의 문 앞에 서 있지만, 그 문턱을 넘지 못하고 제자리걸음을 하고 있는 절박한 상황입니다.

저는 대통령에 취임한 후 경제혁신 3개년 계획, 4대 구조개혁으로 당면 문제를 해결하고, 그 마지막 문턱을 넘기 위해 매진해 왔습니다.

이러한 노력으로 앞서 말씀드린 성과들을 거둘 수 있었지만 임기가 3년 8개월이 지난 지금 돌이켜 보면, 우리가 당면한 문제들을 일부 정책의 변화 또는 몇 개의 개혁만으로는 근본적으로 타파하기 어렵다는 것을 뼈저리게 느꼈습니다.

우리 정치는 대통령선거를 치른 다음 날부터 다시 차기 대선이 시작되는 정치체제로 인해 극단적인 정쟁과 대결구도가 일상이 되어버렸고, 민생보다는 정권 창출을 목적으로 투쟁하는 악순환이 반복되고 있습니다.

대한민국의 발전을 가로막는 구조적 문제를 해결하고, 국가적 정책 현안을 함께 토론하고 책임지는 정치는 실종되었습니다.

대통령단임제로 정책의 연속성이 떨어지면서 지속가능한 국정과제의 추진과 결실이 어렵고, 대외적으로 일관된 외교정책을 펼치기에도 어려움이 큽니다.

북한은 '몇 년만 버티면 된다'는 생각으로 핵과 미사일 개발을 수십 년 동안 멈추지 않고 있고, 경제주체들은 5년마다 바뀌는 정책들로 인하여 안정적이고 장기적인 투자와 경영에 어려움을 느끼고 있습니다.

이런 고민들은 비단 현 정부뿐만 아니라 1987년 개정된 현행 헌법으로 선출된 역대 대통령 모두가 되풀이해 왔습니다.

저 역시 지난 3년 8개월여 동안 이러한 문제를 절감해 왔지만, 엄중한 안보경제 상황과 시급한 민생 현안 과제들에 집중하기 위해 헌법개정 논의를 미루어 왔습니다.

또한, 국민들의 공감대가 충분하지 않은 상황에서 국론이 분열되고, 국민들이 더 혼란을 겪을 수 있기 때문에 개헌 논의 자체를 자제해주실 것을 부탁드려 왔습니다.

하지만 고심 끝에, 이제 대한민국의 지속가능한 발전을 위해서는 우리가 처한 한계를 어떻게든 큰 틀에서 풀어야 하고, 저의 공약사항이기도 한 개헌 논의를 더 이상 미룰 수 없다는 결론에 도달했습니다.

국가 운영의 큰 틀을 근본적으로 변화시키는 것이 당면 문제의 해결뿐만 아니라 중장기적으로도 더욱 중요하고, 제 임기 동안에 우리나라를 선진국 대열에 바로 서게 할 틀을 마련하는 것이 매우 중요한 일이라는 결론을 내렸습니다.

또한, 향후 정치일정을 감안할 때 시기적으로도 지금이 적기라고 판단하게 되었습니다.

그래서 그 뜻을 국민의 대표이자 그동안 지속적으로 개헌의 필요성을 주장해 오셨고, 향후 개헌 추진에 중심적인 역할을 하실 국회의원 여러분 앞에서 말씀드리는 것이 가장 좋겠다는 판단하에 오늘 국회 연설을 계기로 이렇게 말씀드립니다.

현재의 헌법이 만들어진 1987년과 지금은 사회환경 자체도 근본적으로 변화하였습니다.

저출산 고령화 사회로의 급격한 진입으로 한국 사회의 인구지형과 사회구조가 근본적으로 바뀌고 있고, 87년 헌법 당시에는 민주화라는 단일 가치가 주를 이루었으나 지금 우리 사회는 다양한 가치와 목표가 혼재하는 복잡다기한 사회가 되었습니다.

이러한 변화를 긍정적인 방향으로 이끌어 갈 새로운 시스템이 필요합니다.

지금은 1987년 때와 같이 개헌에 대한 국민적 공감대가 형성되었다고 생각합니다. 개헌안을 의결해야 할 국회의원 대부분이 개헌에 공감하고 있습니다.

역대 국회의장님들은 개헌 추진 자문기구를 만들어 개헌안을 발표하기도 했고, 20대 국회에서는 200명에 육박하는 의원님들이 모임까지 만들어서 개헌을 추진하고 있습니다.

그동안 여야의 많은 분들이 대통령이 나서달라고 요청했고, 국회 밖에서도 각계각층에서 개헌을 요구하는 목소리가 높아지고 있으며, 국민들의 약 70퍼센트가 개헌이 필요하다는 여론이 형성되어 있습니다.

특정 정치세력이 자신들에게 유리한 쪽으로 끌고 갈 수 없는 20대 국회의 여야 구도도 개헌을 논의하기에 좋은 토양이 될 것입니다.

1987년 개정되어 30년간 시행되어온 현행 5년 단임 대통령제 헌법은 과거 민주화 시대에는 적합할 수 있었지만, 지금은 몸에 맞지 않는 옷이 되었습니다.

대립과 분열로 한 걸음도 나가지 못하는 지금의 정치체제로는 대한민국의 밝은 미래를 기대하기 어렵습니다.

이제는 1987년 체제를 극복하고, 대한민국을 새롭게 도약시킬 2017년 체제를 구상하고 만들어야 할 때입니다.

저는 오늘부터 개헌을 주장하는 국민과 국회의 요구를 국정 과제로 받아들이고, 개헌을 위한 실무적인 준비를 해나가겠습니다.

임기 내에 헌법개정을 완수하기 위해 정부 내에 헌법개정을 위한 조직을 설치해서 국민의 여망을 담은 개헌안을 마련하도록 하겠습니다.

국회도 헌법개정 특별위원회를 구성해서 국민여론을 수렴하고, 개헌의 범위와 내용을 논의해주시기 바랍니다.
정파적 이익이나 정략적 목적이 아닌, 대한민국의 50년, 100년 미래를 이끌어 나갈 미래지향적인 2017체제 헌법을 국민과 함께 만들어 가기를 기대합니다. (…)

6. 저는 '10·24 개헌촉구선언' 그 자체가 "직무집행에 있어서 헌법이나 법률을 위배한" 행위에 해당하여 헌법 제65조가 규정하고 있는 탄핵소추의 대상이 되거나 혹은 헌법재판이라는 사법심사과정을 통해서 헌법에 위반된다는 평가를 받아야 하는 행위는 아니라고 생각합니다. 오히려 예산안이나 헌법개정 등과 같이 국회의 협력이 필요한 중요한 문제들에 대해서 대통령이 국회에 출석하여 발언하는 것은 헌법이 예정하고 있는 대통령의 권한행사라고 볼 수도 있습니다. 실제로 헌법은 제81조에서 "대통령은 국회에 출석하여 발언하거나 서한으로 의견을 표시할 수 있다"라고 규정하고 있습니다.

7. 또한 '10·24 개헌촉구선언' 같은 행위는 분명 헌법적 평가의 대상이 되는 국가권력기관의 행위임에는 틀림없으나, 해당

행위 그 자체로 인해서 직접 국민의 기본권이나 다른 국가기관의 권한이 훼손되거나 훼손될 중대한 위험성이 있는 것은 아닙니다. '10·24 개헌촉구선언'을 청취한 국민들이 당혹감 혹은 불쾌감을 호소하거나 분노할 수도 있겠지만, 객관적으로 확인하기 어렵고 그 인과관계가 불명확한 심리적 차원에서의 감정이나 사소한 불편함까지도 행복추구권 등과 같은 헌법상 기본권으로 보호될 수 있는 생활영역 안에 포함시키는 것은 적절해 보이지 않습니다. 엄격한 법적 논증과정을 거쳐서 기본권 침해 여부에 관한 결론을 도출해야 할 사법심사를 심사자(특히 법관)의 자의적 판단에 내맡겨 버리는 것과 다름없기 때문입니다.

그리고 헌법 제128조에 근거하여 헌법개정을 발의할 수 있는 헌법상 권한을 보유하고 있는 대통령이 헌법 제81조에서 규정하는 방식으로 개헌을 위한 실무적인 준비를 해나가겠다고 하거나 개헌안을 마련하도록 하겠다고 하면서 국회에서 국민여론을 수렴하고 개헌의 범위와 내용을 논의해 달라고 요청하는 것 그 자체로 인해서 침해될 수 있는 다른 국가기관이나 지방자치단체의 권한 또한 생각하기 어렵습니다.

8. 이러한 점은 헌법 제111조가 규정하고 있는 헌법재판소의 관장사항(위헌법률심판, 탄핵심판, 정당해산심판, 권한쟁의심판, 헌

법소원심판)을 통해서도 뚜렷하게 뒷받침됩니다. 즉 '10·24 개헌촉구선언'은 국회에서 연설이라는 방식으로 행해진 대통령의 직무와 관련된 행위라는 점에서 법률을 심사대상으로 삼는 '위헌법률심판' 혹은 정당의 목적이나 활동을 심사대상으로 삼는 '정당해산심판' 등으로 평가될 수 있는 사안이 아님은 명백합니다. 뿐만 아니라 '10·24 개헌촉구선언'은 헌법 제128조에 근거해서 헌법개정 제안 권한을 보유하고 있는 대통령이 헌법 제81조가 규정하고 있는 방식으로 개헌에 관한 의지를 피력하고 국회의 도움을 요청한 것에 그치고 있습니다.

따라서 '10·24 개헌촉구선언' 그 자체는 ① 헌법과 법률에 위배된 것이라고 볼 수 없다는 점에서 탄핵심판을 통해서 평가받을 행위가 아니며, ② 다른 국가기관이나 지방자치단체의 권한을 침해하였거나 침해할 현저한 위험이 있다고 볼 수 없으므로 권한쟁의심판을 통해서 평가받을 행위도 아니며, ③ 헌법상 보장된 국민의 기본권을 침해 혹은 침해할 현저한 위험성이 있다고 볼 수 없으므로 헌법소원심판을 통해서 평가받을 행위도 아니라는 것입니다.

9. 하지만 헌법재판 등과 같은 사법심사과정에서 '10·24 개헌촉구선언'을 위헌으로 볼 수 없다는 결론을 얻었다고 해서,

'10·24 개헌촉구선언'에 대한 헌법적 평가가 완전히 끝났다고는 볼 수 없습니다. 왜냐하면 정치로부터 태동하지만 다시 정치를 규제하는 정치공동체의 근본이 되는 정치생활규범인 헌법을 심사기준으로 삼는 헌법적 평가는 단순히 재판 등과 같은 사법심사과정을 통해서만 행해지는 것이 아니라, 정치과정에서도 행해질 수 있기 때문입니다.

이를테면 우리가 심사대상인 국가행위를 헌법이라는 심사기준을 가지고 평가할 경우에, 헌법적 가치들이 가능한 한 최대한 구현되어야 한다는 차원에서 심사기준인 헌법을 활용할 수도 있을 것이며, 반대로 헌법적 가치가 최소한도로 구현되면 족하다는 차원에서 헌법을 활용할 수도 있을 것입니다. 이때 전자, 즉 헌법적 최대정의를 추구하는 것이 일반적으로 민주적 정당성에 기초해서 적극적이고 능동적이며 미래지향적인 대안들을 만들어내는 '정치'의 몫이라면 후자, 즉 헌법적 최소정의에 주목하는 것은 소극적이고 수동적이며 보수적이지만 최종적 판단을 내림으로써 분쟁을 종식시키는 '사법'의 몫입니다.

10. 실제로 심사대상인 국가행위가 헌법적 차원에서 가장 바람직한 것인지 여부를 살펴보고 이를 비판하거나 헌법적 가치를 더 잘 구현할 수 있는 대안을 모색하는 활동은 주로 국민으

로부터 직접 선출된 국회의원으로 구성된 국회나 대통령을 수반으로 하는 정부가 주도하는 정치과정을 통해서 이루어지는 반면에, 심사대상인 국가행위가 헌법에 위반되어서 허용될 수 있는지 여부 혹은 특정 국가기관에 대한 탄핵심판이 인용되거나 특정 정당이 위헌정당으로 해산되어야 하는지 여부 등에 관한 종국적인 판단은 헌법재판관이나 법관이 주도하는 사법과정을 통해서 이루어집니다.

만약 적극적으로 '더 나은 대안'을 추구해야 할 정치적 판단과정에서 심사기준인 헌법의 요구수준(즉, 심사강도)을 완화해서 헌법적 최소정의가 구현되고 있는지 여부에 주목한다면, '더 나은 대안'은 실종되고 헌법은 심사대상인 국가행위를 통제하는 규범이 아니라 이를 정당화하기 위한 규범으로 전락될 위험성이 높아집니다. 반면에 헌법위반 여부에 대한 종국적 판단을 통해서 분쟁을 종식시켜야 하는 사법과정에서 심사기준인 헌법을 아주 엄격하게 해석해서 헌법적 요구수준을 높게 설정하여(즉, 심사강도를 강화하여) 심사대상인 국가행위에 대한 통제강도를 높인다면, 민주적 정당성에 기초하고 있는 국가권력기관들의 활동을 위축시키고 '정치의 사법화'를 넘어서서 정치가 사법으로 대체될 가능성이 농후해집니다.

헌법적 평가에서 심사강도

우리가 특정 국가(기관)의 행위를 심사대상으로 삼고 헌법을 심사기준으로 삼아서 심사대상인 국가행위가 헌법에 부합되는지 여부를 평가할 때, 심사기준인 헌법을 엄격하게 해석해서 헌법적 요구수준을 높게 설정할 수도 있겠지만, 그 반대로 헌법해석을 완화해서 헌법적 요구수준을 상대적으로 낮게 설정할 수도 있을 것입니다. 전자의 경우에는 문제된 국가(기관)의 행위가 강력하게 통제되어 헌법에 반한다는 결론이 도출될 가능성이 상대적으로 높아지겠지만, 후자의 경우에는 문제된 국가행위에 대해 위헌이라는 판단이 내려질 가능성이 상대적으로 줄어들게 됩니다.

예컨대 시험에서 80점을 받은 학생 A의 실력을 시험점수로 평가할 때 평가 기준점을 90점으로 설정하면 A의 실력이 부족하다고 평가할 수도 있겠지만, 반대로 평가 기준점을 50점으로 설정하면 A의 실력이 출중하다고 평가할 수 있는 것과 같은 이치입니다.

그런데 무엇을 평가함에 있어서 평가기준(심사기준)을 구체적으로 적용하여 심사대상을 얼마나 강력하게 통제할 것인가와 관련된 문제, 즉 평가정도 내지는 심사강도에 관한 문제는 다른 법규범들보다 헌법을 심사기준으로 삼는 헌법적 평가의 경우에 더욱 중요한 의미를 갖습니다. 왜냐하면 추상성과 개방성 및 상반규범성을 그 규범적 특징으로 하는 헌법은 다른 법규범들에 비해서 해석을 통한 보완의 필요성이 훨씬 높기 때문입니다. (이를테면 헌법은 대체로 '시험에서 좋은 점수를 받아야 한다' 혹은 '충분한 실력을 갖춘 학생이 되어야 한다' 등과 같은 방식으로 규율한다면, 다른 법규범들은 대체로 '시험에서 90점은 받아야 한다' 혹은 '시험에서 50점 미만을 받으면 실력이 부족한 학생이다' 등과 같은 방식으로 규율하고 있다는 것입니다.)

물론 헌법에도 "국회의원의 임기는 4년으로 한다"(헌법 제42조) 혹은 "대통령의 임기는 5년으로 하며, 중임할 수 없다"(헌법 제70조) 등과 같이 별다른 해석이나 구체화 작업이 크게 필요하지 않은 조항도 있습니다. 이 경우에는 "4년" 혹은 "5년" 등과 같은 기간을 보다 엄격하게 혹은 보다 완화해서 적용할 여지는 거의 없을 것인바, 심사강도와 관련된 문제는 크게 부각되지 않을 것입니다. 즉 더도 말고 덜도 말고 국회의원의 임기와 관련해서는 "4년", 대통령의 임기와 관련해서는 "5년"이 관철되어야만 각각 헌법 제42조와 헌법 제70조에 부합되는 것으로 평가될 수 있습니다.

하지만 헌법의 상당부분은 '관철되거나 관철되지 않거나'라는 양자택일의 물음을 던지는 규범—이러한 규범을 규범이론적으로는 규칙(Regel)이라고 합니다—이 아니라, '구체적인 헌법현실에서 어느 정도로 실현되어야 하는가'라는 물음을 남기고 있는 규범—이러한 규범을 규범이론적으로는 원칙(Prinzip)이라고 합니다—으로 구성되어 있습니다.

예컨대 헌법은 제4조에서 "대한민국은 통일을 지향하며, 자유민주적 기본질서에 입각한 평화적 통일 정책을 수립하고 이를 추진한다"라고 규정하는데 통일 정책이 어느 정도로 수립되고 추진되어야 "통일을 지향"하는 것이며 "자유민주적 기본질서에 입각한" 것이라고 평가될 수 있는지, 혹은 헌법 제5조에서 "대한민국은 국제평화의 유지에 노력하고 침략적 전쟁을 부인한다"라고 되어 있는데 국제평화 유지 행위를 어느 정도로 행해야 비로소 "노력"한 것으로 평가될 수 있으며, UN평화유지군의 이름으로 분쟁지역에 전투병을 파병하는 행위는 "침략적 전쟁"을 수행하는 행위로 평가할 수 있는지, 혹은 헌법은 제10조에서 “국가는 개인이 가지는 불가침의 기본적 인권을 확인하고 이를 보장할 의무를 진다”라고 규율하고 있는데 국가가 어느 정도로 의무를 이행해야 비로소 “확인” 및 “보장할 의무”가 준수되었다고 평가할 수 있는지, 혹은 헌법 제119조 제2항에서 “국가는 균형 있는 국민경제의 성장 및 안정과 적정한 소득의 분배를 유지하고, 시장의 지배와 경제력의 남용을 방지하며, 경제주체 간의 조화를 통한 경제의 민주화를 위하여 경제에 관한 규제와 조정을 할 수 있다”라고 규정하고 있는데 어느 정도의 규제와 조정이 “균형 있는 국민경제의 성장과 안정”에 해당되며 “적정한 소득의 분배를 유지”하는 행위인지 등등이 바로 그것입니다.
따라서 헌법적 평가에 있어서 심사강도에 관한 문제는 심사기준인 헌법을 어떻게 해석할 것인가 하는 문제와 더불어 헌법적 평가의 결과를 좌우하는 핵심적 요소라고 할 수 있습니다.

헌법재판에서 심사강도를 상대적으로 완화해야 할 필요성

예컨대 헌법재판과 같은 사법심사에서 심사기준인 헌법을 엄격하게 해석해서 심사강도를 높인다면, 국민에 의해서 직접 선출된 국회의원으로 구성된 국회나 대통령을 수반으로 하는 정부의 행위가 상당부분 헌법에 위반되어 그 효력을 상실하게 될 가능성이 높아집니다. 이는 선출되지 않은 사법관료에 의해서 국가 의사가 실질적으로 결정될 가능성이 높아지는 것인바, 민주주의적 관점에서 많은 비판이 제기됩니다. 왜냐하면 적어도 우리의 미래와 정책에 관한 사항들은 우리가 직접 결정하거나 혹은 우리의 대표자들을 통해서 결정되는 것이 마땅하기 때문입니다. 임명된 헌법재판관이 선거를 통해서 국민으로부터 직접 민주적 정당성을 확보한 국회(의원) 혹은 대통령의 행위를 위헌이라고 평가하고 그 효력을 상실시킬 수 있는 이유는 다른 무엇이 아닌 성문헌법(특히 헌법 제111조)* 으로부터 해당 권한을 부여받았기 때문입니다.

따라서 헌법재판에서 헌법재판관들은 자신이 내린 결정이 심리적 결심이나 정치적 결단이 아니라 성문헌법에 밀착해서 행해진 엄밀한 헌법적 논증의 결과물임을 끊임없이 입증해야만 합니다. 만약 이러한 입증이 잘 이루어지지 않을 경우에는 해당 결정 내지 심판은 다수 국민들로부터 충분한 설득력을 확보할 수 없게 됩니다. 이와 관련하여 특히 헌법재판소가 2004년 10월 21일 (민주적 정당성을 갖춘 국민의 대표기관인 국회에서 제정한 법률인) '신행정수도건설을 위한 특별조치법'은 헌법에 위반된다고 판단하면서,** 성문헌법조항이 아니라 그 존재 자체에 대해서 이견이 많고 불명확한 관습헌법을 위헌판단의 거의 유일한 근거로 원용했다는 점에서

---

* 헌법 제111조 ① 헌법재판소는 다음 사항을 관장한다. 1. 법원의 제청에 의한 법률의 위헌여부 심판 2. 탄핵의 심판 3. 정당의 해산 심판 4. 국가기관 상호간, 국가기관과 지방자치단체 간 및 지방자치단체 상호간의 권한쟁의에 관한 심판 5. 법률이 정하는 헌법소원에 관한 심판 ② 헌법재판소는 법관의 자격을 가진 9인의 재판관으로 구성하며, 재판관은 대통령이 임명한다. ③ 제2항의 재판관 중 3인은 국회에서 선출하는 자를, 3인은 대법원장이 지명하는 자를 임명한다. ④ 헌법재판소의 장은 국회의 동의를 얻어 재판관 중에서 대통령이 임명한다.

** 헌재 2004. 10. 21. 2004헌마554 등.

많은 비판을 받았던 점을 기억할 필요가 있습니다.

바로 이러한 점에서 저는 여러분들에게 다음과 같은 질문을 한번 던져봅니다. 여러분들은 국회의원 같은 정치인을 더 신뢰합니까? 아니면 사법공무원이라고 할 수 있는 헌법재판관이나 법관을 더 신뢰합니까?

선뜻 대답을 못하는 분들이 많습니다. 물론 임명된 사법공무원보다 우리가 선출한 우리의 대표자인 국회의원을 더 신뢰한다고 말할 수 있으면 좋을 것입니다. 하지만 우리가 선뜻 '국회의원'이라고 대답하지 못하는 것은 헌법현실에서 정치영역이 정의롭고 정상적으로 작동되고 있지 않다는 인식 때문은 아닐까요? 정치적 문제는 정치를 통해서 풀어야 하는데 정치가 정상적으로 작동되지 않다 보니 많은 정치적 문제들이 사법심사의 대상이 되어서 법원이나 헌법재판소로 넘어오게 됩니다. 그 결과 정치적으로 민감한 문제들이 정치와는 전혀 다른 역할을 수행해야 하는 사법권자(특히 헌법재판관)의 재판행위를 통해서 해결될 대상으로 전락해버리는 '정치의 사법화'가 가속화됩니다.

그런데 '정치의 사법화'는 사법기관의 판단이 정치적 힘에 의해서 왜곡되는 '사법의 정치화'를 유발할 위험성을 증대시킬 뿐만 아니라, 무엇보다도 민주주의를 위협한다는 점에서 문제의 심각성이 있습니다. 왜냐하면 대화와 타협 및 토론을 통해서 이해관계를 적극적이고 자율적으로 조율하여 우리 현실에서 가능한 한 최고의 혹은 최선의 대안(즉, '최대정의')을 찾고 이를 정립하려는 문제(정치문제)가 강제적 조치를 통해서라도 최소한의 정의만큼은 확보하려는 취지에서 마련된 법을 준수하고 있는지 여부에 관한 문제(준법문제)로 전락한다는 것은 공동체의 '최소정의'를 소극적이고 수동적으로 확인하는 데 그치는 사법이 정치를 대체하는 것인바, 결국 임명된 사법관료가 선출된 정치인의 역할을 실질적으로 갈음해버리는 것과 다름없기 때문입니다.
우리는 선출되지 않은 권력기관인 헌법재판소가 정치공동체의 최고 권력기관인 대통령의 운명을 좌우했던 사건을 경험했고 또 경험하고 있습니다. 노무현 대통령과 박근혜 대통령에 대한 탄핵심판사건이 바로 그것입니다. 바로 이러한 헌법현실은 (과거 사법권의 독립이 실질적으로 담보되지 않았던 군사독재정권시절에 특히 문제가 된 '사법의 정치화' 못지않게) '정치의 사법화' 또한 경계해야 할 현상임을 뚜렷하게 보여주는 것이라 하겠습니다.

11. 앞서 밝힌 것처럼 저는 '10·24 개헌촉구선언' 그 자체가 정치적으로 독립되고 중립적인 법관(특히 헌법재판관)이 주도하는 소극적이고 수동적이며 보수적인 사법과정에서 위헌으로 선언되어야 할 만큼, 헌법적 최소정의에 위배된다고 생각하지는 않습니다. 하지만 적극적이고 능동적이며 미래지향적 차원에서 헌법적 최대정의를 추구해야 하는 선출된 대통령의 행위라는 점에 주목한다면, '10·24 개헌촉구선언'에 대한 헌법적 평가는 박할 수밖에 없을 것으로 생각합니다. 이를 구체적으로 살펴봅시다.

12. 우선 대통령은 기존 헌법을 개정하자고 제안할 수 있는 권한(헌법개정제안권한)을 보유하고 있긴 합니다만(헌법 제128조 제1항), 그 이전에 대통령은 헌법으로부터 명시적으로 헌법을 준수할 의무 내지는 수호할 책무를 부과받은 유일한 국가기관입니다.

헌법 제69조에 따르면 대통령은 취임에 즈음하여 다음의 선서를 해야 합니다. "나는 헌법을 준수하고 국가를 보위하며 조국의 평화적 통일과 국민의 자유와 복리의 증진 및 민족문화의 창달에 노력하여 대통령으로서의 직책을 성실히 수행할 것을 국민 앞에 엄숙히 선서합니다." 여기서 '준수'의 사전적 의미는 '전례나 규칙, 명령 따위를 그대로 좇아서 지킴'이라는 의미입니다. 즉 대통령은 헌법을 그대로 좇아서 지켜야 한다는 것입니다. 그리고 헌법 제66조 제2항은 "대통령은 국가의 독립·영토의 보전·국가의 계속성과 헌법을 수호할 책무를 진다"고 규정하고 있습니다. 여기서 '수호'는 지키고 보존한다는 의미이고, '책무'는 직무에 따른 임무를 의미합니다. 따라서 대통령은 헌법을 개정하자고 제안할 수 있는 권한도 있지만(헌법 제128조 제1항), 그 이전에 이미 존재하고 있는 헌법을 지키고 보존해야 할 임무가 있다는 점 또한 헌법은 명시적으로 규정하고 있습니다.

한편 국회재적의원 과반수 또한 대통령과 같이 헌법개정제안권한을 보유하고 있지만(헌법 제128조 제1항), 헌법은 국회의원에게 청렴의 의무, 국가이익을 우선하여 양심에 따라 직무를 행할 의무, 지위를 남용하여 재산상 권리·이익 또는 직위를 취득하거나 알선해서는 안 되는 의무 등을 부과하고 있을 뿐(헌법 제46조), 헌법을 준수하거나 수호할 책무를 명시하고 있지는 않습니다. 물론 모든 국가기관들은 헌법적 가치가 가능한 한 잘 구현될 수 있도록 노력하고 헌법을 준수해야 할 의무가 있겠지만, 특히 우리 헌법은 대통령이 갖고 있는 직위의 중요성이나 권한의 광범성 및 강력함으로 인해서 초래될 수 있는 헌법파괴의 위험성을 경계하기 위해서 유일하게 명시적으로 대통령에게 헌법을 준수/수호할 의무나 책무를 규정하고 있는 것으로 볼 수 있을 것입니다.

이러한 맥락에서 살핀다면 헌법 제66조 제2항 및 제69조에 따라서 헌법을 지키고 보존해야 하며("수호"해야 하며) 좇아서 지켜야 할("준수"해야 할) 대통령이 헌법 제128조 제1항에 근거해서 해당 헌법을 적극적으로 수정하거나 바꾸자고 제안하는 행위를 아무런 한계 없이 무제한적으로 할 수 있다고 해석하는 것은 (그 자체가 바로 위헌적 해석이라고 볼 수는 없다고 하더라도) 대립되는 헌법적 가치들이 조화롭게 최적으로 실현되어야 한다는 관점 내지는 헌법적 최대정의를 구현해야 한다는 관점에서 본다면 다소 성급한 헌법해석으로 생각됩니다. 즉 헌법적 최대정의라는 차원에서 본다면 헌법 제128조에 근거해서 대통령이 헌법개정안을 제출하여 헌법개정을 제안하는 행위는 물론이고 헌법개정을 촉구하는 선언 또한 항상 정당화될 수 있는 것이 아니라, 일정한 조건 내지는 한계가 있을 수 있다는 것입니다.

13. 뿐만 아니라 헌법은 제40조에서 "입법권은 국회에 속한다"라고 규정하고 있습니다. 물론 헌법 제40조는 일반적이고 추상적인 규범정립활동을 의미하는 입법이 국회에 독점된다는 것을 선언한 것으로 이해되지는 않습니다. 헌법은 제75조 및 제95조에서 대통령·국무총리·행정각부의 장에게 각각 대통령령·총리령·부령 같은 규범을 정립할 수 있는 권한을 부여하고 있을 뿐만 아니라, 헌법 제108조, 제113조 제2항, 제114조 제6항, 제117조 제1항은 각각 법원·헌법재판소·중앙선거관리위원회·지방자치단체에게도 규칙이나 규정을 정립할 수 있는 권한을 부여하고 있기 때문입니다.

하지만 헌법 제40조로부터 일반적이고 추상적인 규범정립활동을 의미하는 입법권은 국회가 행사하는 것이 원칙이란 점, 즉 헌법은 국회 중심의 입법원칙을 선언하고 있다는 점은 부인

할 수 없습니다. 그런데 헌법 또한 규범이란 점에서 헌법개정 또한 일반적이고 추상적인 규범정립활동에 속합니다. 따라서 국회 중심의 입법원칙을 고려할 때, 헌법개정과 관련된 행위 또한 가급적 대통령보다는 국회가 중심이 되는 것이 보다 헌법적 가치에 잘 부합되는 것이라고 생각합니다. 즉 대통령이 헌법 제128조 제1항에 근거해서 헌법개정제안권한을 행사할 수 있음을 부인할 수 없지만, 그럼에도 불구하고 가급적 헌법개정제안권한은 국회재적의원 과반수에 의해서 행사되는 것이 헌법적 최대정의라는 관점에서는 보다 바람직하다는 것입니다.

14. 이러한 관점에서 저는 대통령이 헌법 제128조 제1항에 근거하여 헌법개정제안권한을 행사하는 행위나 혹은 이러한 권한행사에 이르지는 못했지만 대통령이라는 지위에서 행한 공적 권한의 행사인 '10·24 개헌촉구선언' 등이 헌법적 최대정의라는 관점에서 보다 긍정적으로 평가되기 위해서는 '헌법을 개정해야 할 필요성'이 존재해야 함은 물론이고, 이와는 별도로 대통령이라는 지위에서 개헌 논의를 유발시키고 여기에 적극적으로 참여한다는 점에서 추가적으로 다음과 같은 네 가지 조건 또한 충족되어야 할 것으로 생각합니다.

① 대통령이 헌법을 준수 혹은 수호할 온갖 노력을 다 기울

였으나, ② 여러 가지 이유들 때문에 헌법적 가치들이 정의롭고 조화롭게 구현되기 어려운 상황에서, ③ 원칙적 혹은 제1차적 입법권자인 국회마저도 '헌법개정'에 대한 의지나 관심이 미미하거나 국회 주도로 개헌활동이 이루어질 현실적 가능성이 희박할 경우에, ④ 국민으로부터 직접 민주적 정당성을 부여받은 대통령이 다수 국민의 일반의사를 존중하는 가운데 헌법개정을 촉구하거나 혹은 헌법개정안을 마련하고 이를 발의한 것인가?

그런데 '헌법을 개정해야 할 필요성'에 관한 문제는 대통령에 의한 헌법개정제안 행위나 '10·24 개헌촉구선언'에 국한된 문제가 아닌 개헌과 관련된 일반적 문제입니다. 따라서 '헌법을 개정해야 할 필요성'에 관한 사항은 개헌과 관련된 여러분들의 질문에 답하는 과정에서 말씀드리기로 하고, 우선 앞서 언급한 4가지 조건들에 주목해서 '10·24 개헌촉구선언'을 함께 평가해 봅시다.

15. **첫째, 대통령은 지금까지 헌법을 준수하고 수호하기 위해서 온갖 노력을 다해왔다고 볼 수 있는가?** 여러분들은 어떻게 생각하십니까? 지금 이렇게 여러분들 사이에서 나오는 헛웃음은 대통령의 헌법수호 내지는 헌법존중에 대한 존경이나 존중

의 표현인가요, 경멸의 표현인가요? 국정원의 대선개입 및 서울시공무원에 대한 간첩조작사건, 법치주의에 부합되기 어려운 개성공단폐쇄, OECD 국가 중에서 자살률 1위, 핍진적인 비정규노동자의 삶과 배제되고 있는 노동, 세월호 침몰과 백남기 농민 사망사건, 비선실세를 동원한 대통령의 국정농단 등등과 같은 일련의 사건들은 '박근혜 대통령이 헌법을 준수 혹은 수호할 온갖 노력을 다 기울였는가?'라는 물음에 대해 나름의 평가를 할 수 있는 주요한 지표라고 생각합니다.

16. 첫 번째 질문에 대해서 긍정적인 평가가 가능하다면, 다음으로 우리는 '**헌법수호를 위한 대통령의 노력에도 불구하고 현실에서 헌법적 가치들이 정의롭고 조화롭게 구현되기 어려운 상황인가?**'라는 두 번째 물음을 던져보아야 합니다. 대통령의 노력을 통해서 추구하고자 하는 헌법적 가치들이 잘 구현될 수 있다면 굳이 기존의 헌법을 고쳐야 할 필요성이 크지 않기 때문입니다.

이러한 두 번째 물음에 대해서도 여러 가지 관점에서 다양한 대답을 할 수 있을 것입니다. 하지만 박근혜 대통령이 느닷없이 "임기 내에 헌법개정"을 선언하고 개헌을 위한 실무적인 준비를 해나가겠다고 밝힌 10월 24일 국회시정연설의 내용을 보면, 오히려 어려운 헌법현실적 상황에서도 헌법적 가치들을 잘 구현하고 있다는 내용들이 가득합니다. 예컨대 "우리 경제구조가 '역동적인 혁신경제'로 탈바꿈"하고 있다거나 "원칙이 바로 선 경제가 뿌리를 내려가고 있는 것" 혹은 "4대 부문 구조개혁의 성과가 윤곽을 드러내면서 우리 경제의 기초가 보다 튼튼해지고" 있으며 "역대 어느 정부보다 내실 있는 경제민주화 정책과 적극적인 복지 확대를 통해, 우리 사회의 고질적인 불균형을 해소"해나가고 있다는 헌법현실에 대한 인식이 바로 그것입니다.*

물론 이러한 헌법현실에 대한 인식이 사실이 아니라 대통령의 일방적인 주장일 수도 있겠지만, 적어도 현행 헌법규범과 헌법현실 아래에서 대통령이 스스로 밝히고 있는 각종 성과들은 헌법을 개정해야 할 필요성을 뒷받침하는 논거로서는 미흡하다고 생각합니다. 오히려 대통령으로서 헌법수호를 위한 온갖 노력에도 불구하고 어찌할 수 없는 어려움과 한계를 뚜렷하게 제시하면서 헌법개정의 불가피성을 뒷받침하는 것이 개헌촉구선언의 설득력을 높이는 것입니다. 왜냐하면 현행 헌법

---

* 박근혜 전 대통령이 2016년 10월 24일 국회에서 행한 시정연설의 전문은 특히 『한겨레』 기사(http://www.hani.co.kr/arti/politics/bluehouse/766962.html) 참조.

아래에서도 여러 가지 일들을 잘 수행해왔다는 성과나 증거는 오히려 '굳이 헌법을 바꿀 필요 없이 기존 헌법을 잘 준수해야 한다'는 주장을 뒷받침하는 것이기 때문입니다.

17. 물론 연설에서 박근혜 대통령은 "대한민국의 지속가능한 발전을 위해서" 혹은 "당면 문제의 해결뿐만 아니라 중장기적으로도 더욱 중요하고, 제 임기 동안에 우리나라를 선진국 대열에 바로 서게 할 틀을 마련"하기 위해서 혹은 "현재의 헌법이 만들어진 1987년과 지금은 사회환경 자체도 근본적으로 변화"했는데 "이러한 변화를 긍정적인 방향으로 이끌어 갈 새로운 시스템이 필요"하다는 이유에서 헌법을 개정해야 한다는 점을 역설하고 있습니다. 이는 "미래지향적인 2017체제 헌법을 국민과 함께 만들어 가기를 기대합니다"라는 표현을 통해서 뚜렷하게 확인됩니다. 그런데 대통령은 대외적으로는 대한민국을 대표하는 국가의 원수이기도 하지만, 대내적으로는 기본적으로 행정권을 보유하고 있는 정부의 수반이란 점에 주목할 필요가 있습니다(헌법 제66조 제1항 및 제4항).*

---

* 헌법 제66조 ① 대통령은 국가의 원수이며, 외국에 대하여 국가를 대표한다. ② 대통령은 국가의 독립·영토의 보전·국가의 계속성과 헌법을 수호할 책무를 진다. ③ 대통령은 조국의 평화적 통일을 위한 성실한 의무를 진다. ④ 행정권은 대통령을 수반으로 하

새로운 시스템을 정립하거나 새로운 질서를 형성하는 일반적이고 추상적인 규범정립활동을 '입법', 입법활동의 산물인 규범을 구체적 분쟁과 관련하여 소극적이고 수동적이며 보수적으로 적용하여 규범이 무엇인지를 선언하는 활동을 '사법', 입법활동의 산물인 규범을 구체적이고 능동적으로 집행 및 실현하는 행위를 '행정'이라고 말할 수 있습니다. 이 가운데 헌법상 대내적 차원에서 대통령이 갖는 기본적 지위는 입법활동의 산물인 규범을 구체적으로 집행 및 실현하는 권한(즉, 행정권)을 보유하고 있는 정부의 수반입니다.

따라서 헌법적 가치를 가능한 한 최대한 조화롭게 구현하려는 입장 내지는 헌법적 최대정의의 구현이란 차원에서 본다면, 헌법개정과 같이 미래지향적인 새로운 체제를 형성하고 이를 일반성과 추상성이 높은 규범으로 정립하는 활동은 원칙적으로(혹은 제1차적으로) 정부의 몫이 아니라 헌법 제40조("입법권은 국회에 속한다")로부터 권한을 부여받은 국회의 몫으로 이해되어야 할 것인바, 헌법개정과 관련하여 대통령이 갖는 권한은 원칙적 입법권자인 국회의 역할을 가능한 한 최대한 존중하면서 행사하는 것이 더 적절하고 바람직할 것입니다.

는 정부에 속한다.

18. 바로 이러한 지점에서 우리는 세 번째 물음, '**원칙적 혹은 제1차적 입법권자인 국회마저도 헌법개정에 대한 의지나 관심이 미미하거나 국회 주도로 개헌활동이 이루어질 현실적 가능성이 희박한 경우인가?**'에 대한 대답을 고민해야 합니다. 왜냐하면 헌법개정과 관련하여 국회에서 논의가 성숙되어 있고 활발히 전개될 가능성이 있음에도 불구하고, 기존의 규범을 구체적으로 집행해야 할 권한을 보유하고 있는 정부의 수반인 대통령이 갑작스럽게 헌법개정 논의를 촉발시키거나 주도하여 정치적 이슈를 선점하거나 전환하는 것은 헌법상 원칙적 입법권자인 국회를 존중하지 않는 태도로서 바람직하다고 평가할 수 없기 때문입니다.

그런데 해당 연설에서 박근혜 대통령은 스스로 "개헌안을 의결해야 할 국회의원 대부분이 개헌에 공감하고 있습니다. 역대 국회의장님들은 개헌 추진 자문기구를 만들어 개헌안을 발표하기도 했고, 20대 국회에서는 200명에 육박하는 의원님들이 모임까지 만들어서 개헌을 추진하고 있습니다"라고 밝히면서 국회에서 개헌추진활동이 활발하다는 점을 인정하고 있습니다. 그렇다면 갑작스럽게 개헌을 해야 할 아주 긴절하고 급박한 현실적인 돌발 상황을 설득력 있게 제시함 없이 단순히 미래지향적인 과제해결 차원에서 개헌을 촉구하고 있는 박근혜 대통령의 '10·24 개헌촉구선언'은 국회에서 주도적으로 이루어질 수 있는 개헌 논의를 훼손하거나 잠탈할 위험성이 높은 행위라고 비판할 수 있을 것입니다. 대통령을 비롯한 국가권력기관은 자신의 권한을 때로는 과감하게 행사할 필요도 있겠지만, 그 권한행사를 절제하거나 자제하는 것이 헌법적 정의구현에 보다 바람직한 결과를 가져올 수 있다는 점을 기억할 필요가 있겠습니다.

19. 마지막으로 살펴볼 것은 '**대통령이 다수 국민의 일반의사를 존중하면서 헌법개정을 촉구하거나 혹은 헌법개정안을 마련하고 이를 발의한 것인가?**'라는 네 번째 물음입니다. 헌법 제128조 제1항은 "헌법개정은 국회재적의원 과반수 또는 대통령의 발의로 제안된다"라고 규정하고 있습니다. 즉 헌법개정안을 발의하여 헌법개정을 제안할 수 있는 권한을 헌법은 '국회재적의원 과반수'와 '대통령'에게 각각 대등하게 부여하고 있습니다. 그런데 국회와 대통령 모두 국민으로부터 직접 민주적 정당성을 부여받은 최고의 헌법기관으로서 대등하게 헌법개정제안권한을 보유하고 있지만, 국회는 기본적으로 대화와 토론 및 표결 등을 통해서 다양한 가치들과 이해관계들을 정돈한 다음 비로소 자신의 권한을 행사할 수 있는 합의제기관인 반면에, 대

통령은 기본적으로 자신의 권한을 단독으로 행사할 수 있는 독임제기관이란 점을 주목할 필요가 있습니다.

국민의 대표기관인 국회의원들 상호간 대화와 토론 및 표결 과정을 통해서 그 권한을 행사하는 국회에 비해서 정부의 우두머리(즉, 수반)인 대통령의 권한행사는 일사불란하며 보다 신속하고 효율적이란 점에서 장점이 있습니다. 하지만 단독으로 권한을 행사하는 독임제기관인 대통령의 권한행사는 상충되는 이해관계 속에서 쟁론을 거쳐야 하는 합의제기관인 국회의 권한행사에 비해서 그 권한행사를 정당화시켜주는 근원인 다수 국민의 일반의사와 유리된 결과를 초래할 가능성이 상대적으로 더 높습니다.

따라서 대통령은 다른 어떤 헌법기관보다도 훨씬 신중하게 사려하여 자신의 권한을 행사해야 합니다. 특히 헌법개정은 "국민투표에 부쳐 국회의원 선거권자 과반수의 투표와 투표자 과반수의 찬성을 얻어야" 확정된다는 점을 고려한다면(헌법 제130조 제3항), 헌법개정과 관련하여 국회의 도움을 구하고 개헌을 촉구하는 대통령은 무엇보다도 다수 국민의 일반의사를 미리 면밀하게 살피고 헌법개정과 관련된 자신의 주장이 다수 국민의 일반의사를 대표하는 것임을 적극적으로 논증해야 할 것입니다.

그런데 '10·24 개헌촉구선언'에서 박근혜 대통령은 개헌안이나 개헌의 구체적 방향과 관련하여 자신의 입장을 뚜렷하게 밝히지 않고, 단지 "국회 밖에서도 각계각층에서 개헌을 요구하는 목소리가 높아지고 있으며, 국민들의 약 70퍼센트가 개헌이 필요하다는 여론이 형성되어 있습니다"라는 정도의 표현으로 국민 다수의 여론이 어떠한지를 밝히고 있다는 점에서 아쉬움이 많습니다. 박근혜 대통령이 밝힌 "국민들의 약 70퍼센트가 개헌이 필요하다는 여론"이 얼마나 신뢰성을 갖추고 있는지도 의심됩니다.

하지만 무엇보다도, 헌법개정활동은 구체적인 개헌안을 두고 행해질 수밖에 없을 터인데, 임기가 1년 남짓 남은 대통령이 "임기 내에 헌법개정을 완수"하겠다는 의지를 피력하면서 개헌을 촉구하고 국회의 도움을 구하면서도 정작 '현재 헌법의 어떤 조항을 어떻게 바꾸어야 한다는 것'과 관련된 자신의 입장은 무엇이며, 이러한 자신의 입장은 개헌과 관련된 국민 다수의 의사를 대표하고 있는 것임을 뚜렷하게 논증하고 있지 않다는 점에서 비판받아야 합니다. 개헌안과 관련된 국민 다수의 의사를 집약하고 대표하여 책임 있게 개헌을 촉구하는 것이 아니기 때문입니다. 결국 박근혜 대통령의 '10·24 개헌촉구선언'은 (대통령이 개헌 논의를 촉발시키면서도 정작 구체적인 개헌안이나 방향을 밝히지 않음으로써 향후 전개될 개헌 논의에 대해 별다른 책임을 부담하지 않겠다는 의도가 숨어 있는) 무책임한 '개헌을 위한 개헌촉구'에 지나지 않는다고 생각됩니다.

20. 부족한 식견과 안목에 기초한 성급한 판단일 수 있겠지만, 저는 '개헌이 필요한가?'라는 물음에 대해서 '필요하다'라는 대답을 내놓는 국민이 다수 존재할 수는 있어도, 구체적으로 '헌법을 어떻게 개정해야 할 것인가?'라는 물음에 대해 국민 다수의 의사가 뚜렷하게 통일되어 있는 것은 아니라고 봅니다. 오히려 다수 국민들은 '헌법개정' 등과 같은 거대담론들에 대해서 큰 관심을 갖고 있다기보다는 당장 자신의 삶의 보존과 향상에 관련된 아주 구체적이고 미시적인 문제들에 대해 큰 관심을 갖고 있다고 생각합니다.

1987년 10월 29일 개정되어 1988년 2월 25일부터 시행되기 시작한 현행 헌법체제 아래에서 '헌법개정'에 관한 논의는 사실 정권 말기가 되면 거의 유행처럼 되풀이되고 있습니다. 그럼에도 불구하고 지금까지 '헌법개정'과 관련하여 구체적이고 유의미한 진전이 없었거나 있었다고 하더라도 일시적인 현상에 그친 것은 근본적으로 국민적 차원에서 개헌의지가 불명확하고 미흡해서 개헌을 위한 동력이 충분치 않았기 때문일 것입니다.

실제로 현행 헌법을 태동시킨 1987년의 '헌법개정'은 군사독재 정권에 대한 저항과정에서 형성된 '대통령직선제'와 '대통령단임제'에 대한 강력한 국민적 공감대가 뒷받침되었기 때문에 가능했습니다.

따라서 실익 없는 국면전환용 내지는 정쟁유발용 개헌촉구 선언이 아니라 '헌법개정'을 진심으로 희망하고 이를 성실하게 준비하려는 대통령으로서의 개헌촉구선언이라면, "국민들의 약 70퍼센트가 개헌이 필요하다"고 한다는 등 추상적이고 막연한 여론에 기대기보다는 '헌법을 어떻게 개정해야 할 것인가?'라는 보다 현실적이고 구체적인 물음에 대해 국민 전체적 차원의 공감대를 집약하려는 노력을 해야 한다는 것입니다.

21. 지금까지 헌법개정제안권한을 행사하는 대통령의 지위를 고려하여 제안한 4가지 조건에 주목해서, 개헌 논의를 갑작스럽게 그리고 적극적으로 유발시킨 박근혜 대통령의 '10·24 개헌촉구선언' 그 자체를 '헌법적 가치의 가능한 한 최대한 구현'(즉, 헌법적 최대정의)이라는 관점에서 비판적으로 살펴보았습니다. 이러한 헌법적 평가는 개헌의 방향이나 내용을 둘러싸고 행해진 평가가 아니라는 점에서 형식적 차원에서의 평가라고 하겠습니다.

한편, '10·24 개헌촉구선언'에서 박근혜 대통령은 '헌법을 어떻게 개정해야 할 것인가?'라는 문제는 물론이고 헌법개정의 방향 또한 뚜렷하게 밝히고 있지 않습니다. 따라서 '10·24 개헌촉구선언' 그 자체가 아니라 선언의 내용과 관련해서는, 응당 밝혔어야 할 내용이 누락되었다는 비판을 제외한다면 개헌과 관련하여 헌법적으로 면밀하게 검토해야 할 사항이 거의 없습니다. 결과적으로 '10·24 개헌촉구선언'에 대한 내용적 차원에서의 헌법적 평가는 곤란할 수밖에 없습니다.

22. 그럼에도 불구하고 '10·24 개헌촉구선언'에서 박근혜 대통령이 헌법개정의 논거로서 내세우고 있는 "이제는 1987년 체제를 극복하고, 대한민국을 새롭게 도약시킬 2017년 체제를 구상하고 만들어야 할 때"라는 표현으로부터, 헌법개정의 내용과 관련하여 다음과 같은 우려를 말씀드리지 않을 수 없습니다.

박근혜 대통령이 말하는 1987년 체제는 1987년 10월 29일 개정되어 1988년 2월 25일부터 시행되기 시작한 현행 헌법체제를 지칭하는 것입니다. 그런데 1987년 체제의 핵심은 독재에 대한 저항과 민주화에 대한 염원으로 만들어진 현행 헌법이겠지요. 실제로 민주주의와 법치주의의 실질적 구현은 부인할 수 없는 현행 헌법의 핵심적 가치이자 과제입니다. 그렇다면 '1987년 체제를 극복하겠다는 것은 다시 독재로 회귀하자는 것이거나 혹은 권력을 사유화하겠다는 것 아닌가?' 혹은 '박근혜 대통령이 언급한 1987년 체제의 핵심 정신은 극복의 대상이 아니라, 변화하는 헌법현실을 고려해서 계승·보존·강화하고 실질적으로 구현해야 할 대상이 아닌가?' 하는 의문을 던져봅니다.* 만에 하나 박근혜 대통령이 언급한 "대한민국을 새롭게 도약시킬 2017년 체제"의 본질이 권력의 사유화나 독재로의 회귀를 의미하는 것이어서 마련하고자 하는 개헌안의 구체적 내용 또한 '민주주의와 법치주의에 기반하고 있는 현행 헌법의 핵심적 가치에 대한 훼손'을 담으려는 것이라면, 이는 내용적 차원에서 기존 헌법의 동일성 및 계속성을 훼손하는 행위라고 해야 할 것입니다.

그런데 앞서 설명한 것처럼 '기존 헌법의 동일성 및 계속성을 유지한 채 기존 헌법이 정한 절차/방식에 따라서 기존 헌법의 문언(헌법조항)을 명시적으로 수정·삭제·추가·교체하는 행위'가 '헌법개정'입니다. 따라서 기존 헌법의 동일성 및 계속성을 파괴하고 새로운 헌법을 정초하는 행위는 혁명이나 쿠데타

---

* 저는 이러한 의문을 단순한 기우로 치부할 수 있을 만큼 우리 헌법현실이 건강한 것은 아니라고 생각합니다. 관련해서 박근혜 전 대통령의 국정농단 사건으로 인한 탄핵심판사건(헌재 2016헌나1)사건을 기억해둡시다.

로 평가받을 수는 있을지언정, 현행 헌법의 틀 안에서 합헌적으로 행해지는 헌법개정행위로 평가받을 수 있는 행위는 아님을 기억해둘 필요가 있겠습니다.

현실적인 개헌 문제들에 대한 질의와 응답

현실적 필요성이 크지 않은 헌법개정 | 대통령임기변경과 개헌 | 의원내각제 도입과 개헌 | 대통령권한분산과 개헌 | 선거제도개혁과 개헌 | 직접민주주의의 구현과 개헌 | 기본권 및 지방자치권 보장과 개헌 | 개헌 논쟁에서 논증부담의 문제

두 시간 남짓한 시간 동안 다소 딱딱하고 복잡한 내용들을 빠르게 말씀드린 것 같습니다. 많이 지루했고 힘겹지는 않았는지요? 가장 먼저 우리는 헌법이 어떤 규범인지에 주목해서 헌법개정의 개념과 그 한계에 대한 이론적인 내용들을 살펴보았습니다. 그리고 구체적 헌법현실에서 발생된 개헌 논의들 중에서 이 강의의 계기가 된 박근혜 대통령의 '10·24 개헌촉구선언'에 대한 헌법적 평가를 시도해보았습니다. 하지만 헌법현실에서 행해지고 있는 개헌의 구체적 내용이나 방향은 물론이고 헌법규범을 개정해야 할 헌법현실적 필요성 및 가능성 등에 관한 사항은 간접적으로 일부 언급되었을 뿐, 상대적으로 부족했습니다. 그 이유는 한정된 강의시간 때문이기도 하지만, 무엇보다도 헌법개정에 소극적인 제가 개헌의 내용이나 방향 혹은 그 필요성을 역설하기보다는 그와 관련된 여러분들의 적극적인 의견이나 질의에 대한 나름의 견해를 밝힘으로써 제 생각을 공유하는 것이 보다 효과적이고 더 적절하다고 생각했기 때문입니다. 이제 헌법개정과 관련된 여러분들의 다양한 생각이나 질문들을 기대합니다.

■ 교수님께서는 강의를 시작하면서 스스로 개헌에 관해서 소극적인 입장을 갖고 있다고 하셨는데, 그 이유는 무엇입니까?

이 질문에 대한 대답은 앞서 언급한 '헌법을 개정해야 할 필요성(개헌의 필요성)이 존재하는가?'라는 물음에 응답하는 것과 다르지 않을 것 같습니다. 저는 현행 헌법규범의 불완전성과 미흡함을 부정하지는 않지만, 그럼에도 불구하고 개헌에 관해서 소극적인 입장을 갖고 있는 이유는 헌법을 개정해야 할 현실적 필요성이 크지 않다고 평가하기 때문입니다.

헌법은 정치·경제·사회·문화 등등 모든 영역의 근본적이고 기본적인 질서를 규율하고 있는 정치공동체의 최고규범입니다. 따라서 '헌법개정'은 정치공동체의 근본적이고 기본적인 질서의 수정 내지는 변동을 장기적이고 지속적으로 초래합니다. 바로 이러한 점에서 헌법을 개정할 경우에는 다른 어떤 규범보다 훨씬 높은 신중함과 절제가 요청됩니다. 실제로 우리 헌법은 법률을 비롯한 다른 어떤 규범들의 제정이나 개정에 비해서 '헌법개정'을 훨씬 까다롭고 어렵게 하고 있습니다. 이런 헌법의 규범적 특성을 고려한다면 '헌법개정'을 부르짖기 전에 우선 개헌의 필요성과 관련된 다음과 같은 두 물음에 대해서 진지하게 성찰해보아야 합니다.

① 문제의 원인이 헌법규범에 있는 것인가?

앞서 말씀드린 것처럼 헌법개정은 '기존 헌법의 동일성 및 계속성을 유지한 채 기존 헌법이 정한 절차/방식에 따라서 기존 헌법의 문언(헌법조항)을 명시적으로 수정·삭제·추가·교체하는 행위'입니다. 즉 헌법현실이 아니라 헌법규범을 명시적으로 고치는 행위입니다. 그런데 만약 우리가 개선하고 치유해야 할 어떤 문제의 원인이 헌법규범의 미흡함이나 부족함에 있는 것이 아니라 헌법현실에 있다면, 이는 애당초 '헌법개정'으로 온전하게 해결될 수 있는 문제가 아니므로 헌법을 개정해야 할 필요성 내지는 실익이 크지 않다는 것입니다. 즉 '헌법규범은 괜찮은데, 헌법현실이 엉망진창'일 경우에 헌법현실을 헌법규범에 맞게 개선하거나 변화시키기 위해서 노력을 하는 것이 중요한데, 이러한 활동보다도 헌법규범을 고쳐서 엉망진창인 헌법현실을 타개하겠다는 것은 마치 '육체가 병들었는데, 정신을 치료하겠다는 것'과 다름없다는 것입니다.

물론 육체와 정신이 완전한 별개의 것으로 취급하기 어려운 것처럼, 헌법현실과 헌법규범 또한 상호작용하며 서로 긴밀하게 영향을 미친다는 것을 부정하는 것은 아닙니다. 하지만 아무리 좋은 헌법규범을 마련하더라도 해당 헌법규범이 구현될 수 없는 헌법현실이라면, 그 헌법규범은 하나의 장식품에 지나지 않을 것입니다. 헌법에 '대한민국은 통일국가이다'라고 명시한다고 해서, 헌법현실에서 남한과 북한이 통일국가가 되는 것은 아니라는 것과 같은 이치입니다.

여러분들은 현재 우리 헌법규범 그 자체가 결함이 많고 미흡한 점이 많다고 생각합니까? 아니면 우리의 삶을 어렵게 하는 많은 원인이 헌법규범보다는 헌법현실 그 자체에 있다고 생각합니까?

저는 여러 가지 문제들을 해결하는 데 헌법을 개정하는 것이

능사만은 아니며, 오히려 지금은 현행 헌법을 보존하고 준수해 나가는 것이 더 시급한 과제라는 점, 그리고 경우에 따라서는 개헌 내지는 개헌과정을 통해서 자칫하다가는 더 많은 것을 잃을 가능성이 높다고 생각합니다. 특히, 정작 개선되어야 할 구체적인 우리 삶의 각종 문제들과 미시적인 차원에서 정교하게 다루어져야 할 이해관계 조정활동이 '헌법개정'이라는 추상적이고 거대한 담론 속으로 용해되어 실종될까 우려됩니다. 따라서 헌법규범이 헌법현실의 개선 및 변화를 금지하고 있는 것이 아니라면, 헌법규범의 수정과 변화를 위한 노력(즉, '헌법개정'을 위한 노력)을 하기보다는 그 노력을 차라리 헌법현실을 개선하고 변화시키는 데 보태는 것이 더 좋지 않을까요?

② 해당 문제가 현행 헌법규범하에서는 도저히 개선 혹은 해결될 수 없는 것인가?

앞서 말씀드린 것처럼 헌법은 다른 어떤 법규범보다도 추상성과 개방성이 높을 뿐만 아니라, 서로 대립·충돌하는 상반된 가치들이 공존하고 있는 규범입니다. 따라서 헌법현실과 헌법규범의 상호작용과정에서 '규범의 표현(즉, 법조문)에 대한 명시적 변화 없이도 그 규범의 의미가 변화'—앞서 말씀드린 것처럼 이러한 현상을 '헌법변천'이라고 합니다—될 가능성이 다른 어떤 법규범들에 비해서 높다고 할 수 있습니다. 그런데 만약 헌법규범의 문언이나 표현을 명시적으로 수정하는 '헌법개정'에 의하지 않고서도 (헌법문언이 수용할 수 있는 합리적인 헌법해석을 통한) 헌법규범의 의미 변화가 가능하다면, 굳이 더 어려운 '헌법개정'이라는 방법만을 고수해야 할 필요는 없다는 것입니다.

관련하여 과거에 합헌적인 조치로 이해되었던 간통행위에 대한 처벌이 불처벌로 바뀐 것은 헌법규범에 '간통은 처벌할 수 없다'는 표현을 추가함으로써(즉, 헌법을 개정함으로써) 행해진 것이 아니라, 헌법재판소에서 헌법현실의 변화를 고려하여 헌법 제10조 "행복을 추구할 권리" 혹은 제17조 "사생활의 비밀과 자유" 등과 같은 헌법문언에 대한 해석을 변경한 것이었음을 기억하면 이해가 좀더 쉬울 것입니다.

뿐만 아니라 어떤 문제가 '헌법개정'이 아닌 법률을 제정하거나 개정하는 방법으로도 충분히 해결될 수 있다면 굳이 법률을 제·개정하는 것보다 훨씬 어려운 '헌법개정'이란 방법을 사용할 필요가 없습니다. 저는 현행 헌법규범이 갖고 있는 불완전함이나 미흡함 혹은 그로 인한 헌법현실의 많은 문제들은 사실 법률을 제정하거나 개정하는 방법을 통해서 거의 대부분 개선 혹은 해결될 수 있다고 생각합니다. 혹 반드시 헌법규범의 명시적 수정이나 변화를 통해서만 개선 혹은 달성될 수 있는 어떤 것이 있다고 생각하신다면, 계속해서 질문을 주시기 바랍니다. 질문에 대한 대답을 통해서 관련된 나름의 생각을 보다 구체적으로 말씀드리겠습니다.

또 하나 기억해둘 것은, 여러 가지 문제들을 '헌법개정'을 통해서 단박에 해결하려는 시도는 (그러한 시도를 통해서 단박에 세상이 바뀌어질 수 있는지 여부는 논외로 하더라도) 미시적 차원에서 섬세하게 행해지는 각종 논의들을 실종케 할 위험성이 많을 뿐만 아니라, 정치발전을 저해할 가능성이 높다는 점입니다. 왜냐하면 추상적이고 개방적이며 정치공동체의 윤곽질서를 형성하고 그 방향을 제시하고 있는 헌법을 고쳐서 미시적 차원에서 이루어지는 각종 이해관계들이 조율되고 더 나은 대안들이 모색될 수 있을지도 의문이지만, 무엇보다도 다양한 이해관계들의 각축장이라고 할 수 있는 국민의 대표기관인 국회를 통해서 행해져야 할 정교한 현실정치의 과제가 헌법개정 과정에서 실종되거나 잠탈되기 때문입니다.

그리고 법률을 제정하거나 개정하는 방법을 통해서 해결할 수 있는 문제임에도 불구하고, 법률 제·개정을 등한시하고 '헌법개정'을 부르짖는 것은 정작 해당 문제들을 해결할 생각이 별로 없거나 혹은 다른 정치적 의도가 숨겨져 있을 가능성이 많다고 생각합니다. 왜냐하면 훨씬 수월한 방법을 뒷전에 두고 실제로 성공하기 더 어려운 방법인 '헌법개정'을 내세우기 때문입니다.

법률을 제정 혹은 개정하는 것보다 '헌법개정'이 성공하기 어려운 이유

① 헌법규범적 차원

일반적으로 '국회재적의원 과반수의 출석과 출석의원 과반수의 찬성으로 의결'하여 법률을 제정하거나 개정할 수 있습니다(헌법 제49조). 만약 국회에서 의결한 법률안에 대해서 대통령이 거부권을 행사했다고 하더라도 국회재적의원 과반수의 출석과 출석의원 3분의 2 이상의 찬성으로 전과 같은 의결을 하면 그 법률안은 법률로서 확정됩니다(헌법 제53조 제4항). 반면에 헌법개정안은 재적의원 3분의 2 이상의 찬성으로 국회가 의결한 후 30일 이내에 국민투표에 부쳐 국회의원 선거권자 과반수의 투표와 투표자 과반수의 찬성을 얻어야 비로소 확정됩니다(헌법 제130조). 이처럼 헌법의 개정절차가 법률보다 어렵게 되어 있는 헌법을 일반적으로 '경성헌법'(硬性憲法)이라고 부릅니다.

반면에 법률과 동일한 절차로 헌법이 개정될 수 있도록 하고 있는 헌법을 연성헌법(軟性憲法)이라고 합니다. 성문화된 형식적 의미의 헌법을 가지고 있지 않은 불문헌법(不文憲法)국가인 영국이나 뉴질랜드 등을 제외한 대부분의 성문헌법(成文憲法)국가에서는 오늘날 거의 대부분 경성헌법을 택하고 있습니다. 그 이유는 헌법은 국가의 기본법이므로 개정절차를 법률보다 어렵게 하여 안정성을 유지하고 정치적 이해관계에 따라 헌법이 수시로 변화되는 것을 막기 위함입니다.

우리나라의 헌법은 그 개정절차가 법률보다 어렵게 되어 있을 뿐만 아니라, 국회의 의결을 거쳐 다시 국민투표에 부치도록 되어 있어서 경성헌법 중에서도 '강한 경성헌법'이라고 할 수 있습니다.

② 헌법현실적 차원

헌법개정이 성공하기 어려운 이유는 무엇보다도 우리 헌법이 규범적으로 '강한 경성헌법'이기 때문입니다. 하지만 '대통령'과 '국회'가 동시에 헌법을 개정하고자 하는 의지가 있어야 하는 헌법현실적 상황 또한 '헌법개정'을 어렵게 만듭니다.

대체로 그동안 대통령들은 정권 말기가 되면 임기 말 지도력의 공백을 방지하기 위해서 개헌카드를 많이 끄집어내었습니다. 하지만 정권 말기가 되면 기존 헌법체제에서 대통령선거를 치르기를 희망하는 차기 대권주자들과 이들을 지지하는 다른 국회의원들이 많이 등장해 있어서 개헌안을 의결할 수 있는 국회재적의원 3분의 2 이상을 확보하기가 어렵게 됩니다.

반면에 대통령으로 당선된 지 얼마 되지 않아서 국민들로부터 기대를 많이 받고 있는 취임 초창기의 대통령은 '헌법개정'이라는 아주 큰 담론이 제기됨으로써 자신이 펼치고자 하는 정책이 묻혀버리고 헌법개정안을 의결해야 할 국회로 정치적 주도권과 관심이 넘어가기를 희망하지 않을 것입니다. 따라서 설사 국회에서 개헌에 관한 의지가 적극적이라고 하더라도, 취임 초창기라는 이점 때문에 여론의 높은 지지와 함께 국민으로부터 많은 기대를 받고 있는 대통령—이 무렵 대통령은 일반적으로 다른 때에 비해서 상대적으로 높은 지도력을 발휘할 수 있는 가능성이 많습니다—의 정책을 적극적으로 뒷받침하려는 여당의 일부 국회의원들이 '헌법개정'에 소극적으로 대응함으로써 국회 내에서 개헌안을 의결할 수 있는 국회재적의원 3분의 2 이상을 확보하는 것이 쉽지 않게 됩니다.

■ 대통령 임기를 5년 단임에서 4년 중임으로 바꾸기 위해서는 헌법을 개정해야 하는 것 아닙니까?

1. 헌법 제70조는 "대통령의 임기는 5년으로 하며, 중임할 수 없다"라고 규정하고 있습니다. 따라서 '대통령의 임기를 4년으로 하며, 중임할 수 있다' 등과 같이 수정하는 것은 헌법을 개정해야 하는 사항입니다. 하지만 이러한 개정 전에 다음과 같은 점들을 미리 한번 생각해볼 필요가 있습니다.

① 소위 '4년 중임 대통령제'를 채택할 경우에, 대통령으로 처음 당선되고 나면 첫 4년은 다음 대통령 선거에서 다시 당선되기 위해 인기영합적 선심성 정책을 남발하거나 국정을 전횡할 우려가 많지 않을까? ② 중임—한 사람이 거듭 입후보하여 선출될 수 있도록 하는 제도를 말합니다—의 횟수를 제한

하지 않으면 독재의 우려가 높아지지 않을까? ③ 중임을 1차에 한해서 인정한다고 하더라도, 5년 단임제 대통령제의 문제점이라고 일컬어지는 각종 문제들(예컨대, 임기 말 지도력 공백의 문제나 국정운영의 일관성 및 연속성의 훼손 등)은 해소되는 것이 아니라 지연되는 것에 그치는 것 아닌가?

2. 뿐만 아니라 '헌법개정'을 통해서 대통령 임기 등을 변경하기 이전에, 그러한 임기 변경을 통해서 달성할 수 있는 가치들에 먼저 주목할 필요가 있습니다. 만약 우리가 진정으로 원하는 것이 대통령임기변경 그 자체가 아니라 '4년 중임 대통령제'를 통해서 얻을 수 있는(혹은 기대할 수 있는) 일정한 효과라면, 그러한 효과가 법률 제·개정 등을 통해서 달성될 수 있는지 여부를 먼저 검토해보아야 한다는 것입니다. 그리고 이러한 검토과정에서 긍정적인 대답이 기대된다면, '헌법개정'에 앞서서 먼저 손쉬운 법률 제·개정 등과 같은 것을 먼저 해보는 것이 보다 합리적이고 효율적입니다.

3. 예컨대 임기 말 자주 발생해온 지도력 공백 문제를 해결하기 위한 수단으로 '4년 중임 대통령제'를 제안한 것이라면, 헌법을 개정하기 전에 법률을 제정하거나 개정해서 대통령 임기

말 지도력 공백 문제를 해소하거나 혹은 상당부분 줄일 수 있는 가능성은 없는 것인지를 살피자는 것입니다. 실제로 현행 헌법은 취임 초창기에 비해서 상대적으로 지도력 공백이 생길 가능성이 많은 임기 말 대통령의 권한행사를 법률을 통해서 보강하는 것 — 예컨대 법률을 통해서 '임기 말 대통령이 행한 특정 집행행위나 정책과 관련하여 차기 대통령의 권한행사를 일부 제한'하거나 '임기 말 대통령이 행한 일정한 공직자들의 임기에 관해서 차기 대통령의 인사권을 일부 제한'하는 것, 혹은 '일정한 공직자들의 임면에 임기가 끝난 전직 대통령이 관여할 수 있는 제도를 만드는 것'* 등등 — 을 애당초 봉쇄하고 있거나, 이를 금지하고 있는 것은 아닙니다.

4. 그리고 법률 제·개정 등과 같은 각종 노력과정에서 처음 '헌법개정'을 통해서 제도화하려고 했던 '4년 중임 대통령제'보다 우리 헌법현실에 더 잘 부합되고 더 적절한 새로운 제도가 만들어질 수도 있습니다. 그런데 이러한 노력을 건너뛰고 단숨에 '헌법개정'을 통해서 일거에 각종 문제를 해결하려는 것은

* 예컨대 대통령기록물 관리에 관한 법률에 따라 대통령 재임시 남긴 각종 기록물의 관리를 담당하는 공직자 등의 임면권한과 관련하여 임기가 끝난 전직 대통령에게 일정한 통제 내지는 관여 권한을 부여하는 법률을 정립하는 것 등을 생각해볼 수 있겠습니다.

(실제로 모든 문제가 '헌법개정'을 통해서 일거에 해결될 수 있는지 여부는 논외로 하더라도) 더 합리적이고 적절한 제도가 만들어질 수 있는 기회를 상실시킬 우려가 있다는 점 또한 기억해둘 필요가 있습니다.

5. 우리는 구체적 생활현장에서 이루어지는 하루하루의 삶이 힘들고 바쁘다는 이유 등으로 여러 가지 정치적 문제들을 개선하기 위한 참여와 노력을 끊임없이 하기보다는 모든 문제들을 일거에 해소하려는 열망으로 '헌법개정'에 기대고 있는 것은 아닌지, 혹은 그러한 열망을 부추기면서 자신의 정치적 지배력의 확대에 관심이 많은 현실정치 지도자들의 꾐에 넘어가고 있는 것은 아닌지, 그리고 그러한 열망으로 인해서 더 좋은 제도들을 가꾸고 만들어나갈 다양하고 섬세한 기회들을 상실하고 있는 것은 아닌지 등등을 먼저 성찰해보자는 것입니다.

6. 우리는 법률 제·개정이 되었건 혹은 다른 무엇이 되었건 간에 실현가능성이 높은 더 현실적이고 구체적인 수단들을 효율적으로 활용하는 데 관심을 갖고 그러한 수단들을 활용해서 얻어낼 수 있는 것들을 가능한 한 최대한 먼저 얻어내야만 합니다. 이러한 활동들을 소홀히 하고 어설픈 열망에 기대어 '헌

법개정'과 같이 추상적이고 거대한 담론들이 난무하는 장으로 스스로를 밀어 넣으면 밀어 넣을수록, 현재 우리가 능히 달성할 수 있는 혹은 얻어낼 수 있는 구체적인 성과들을 확보하는 것은 더욱 요원해질 것입니다.

7. 뿐만 아니라 설령 미래 어떤 지점에서 헌법을 개정한다고 하더라도 현재 우리가 쟁취해낸 것이 많아야 우리가 진정 원하는 방향으로 헌법을 개정할 수 있을 것입니다. 왜냐하면 헌법은 본질적으로 정치적 투쟁의 산물인바, 헌법개정과정에서는 헌법현실에 존재하고 있는 정치적 힘의 크기가 반영될 수밖에 없기 때문입니다.

8. 작금의 헌법현실에서 과연 여러분들은 우리와 우리를 올곧게 대변하고 있는 현실정치지도자들이 정치적 주도권을 확보하고 있어서 우리들의 뜻에 따라서 헌법이 개정될 수 있다고 판단하는지요? 만약 우리들의 정치적 능력과 실력이 (특히 1988년 2월 25일부터 시행되기 시작한 현행 "대한민국헌법"이 확정되고 공포된 1987년 당시에 비해서) 미흡하다고 생각한다면, '법률 제·개정'을 둘러싸고 행해지는 정치적 투쟁과정이 '헌법개정'을 둘러싸고 벌어지는 정치적 투쟁과정으로 변모되는 것을 저지하

기 위해서 노력해야 하지 않을까요? 아시다시피 법률이 변화하는 경우에 비해서 헌법의 변화는 그 파급효과가 훨씬 클 뿐만 아니라 무엇보다도 다시 돌이키거나 수정하는 것이 훨씬 더 어렵습니다. 그리고 '헌법개정'의 결과물은 현재의 정치력을 반영한 결과일 가능성이 많습니다. 따라서 정치력이 미흡한 상황에서 행해지는 '헌법개정'은 우리의 삶을 후퇴시키거나 후퇴된 삶을 더욱 공고히 하는 계기가 될 가능성이 많다는 점을 염두에 두어야 할 것입니다.

9. 반면에 우리와 우리를 올곧게 대변하고 있는 현실정치지도자들이 정치적 주도권을 확보하고 있다면, 이미 우리는 현재의 헌법현실에 대한 만족도가 상당히 높을 가능성이 많습니다. 그럼에도 불구하고 더 나은 삶과 정치공동체의 발전을 위해서 '헌법개정'에 관심이 많다면, 확정되면 수정하기가 상대적으로 더 어려운 '헌법개정'보다는 법률을 제정하거나 개정하는 방법 등으로 우리가 만들려고 하는 제도가 진정 우리에게 도움이 되고 효과적인 것인지를 먼저 확인해보는 것이 더 현명하지 않을까요?

10. 추상성과 개방성 및 상반규범성을 그 규범적 특징으로 하

는 헌법은 우리가 추구하려는 가치들이 법률을 통해서 구현될 수 있는 폭넓은 가능성을 열어두고 있습니다. 물론 현행 헌법은 완전하고 완결된 규범은 아닙니다. 미흡하거나 아쉬운 점 또한 틀림없이 있을 것입니다. 하지만 인간으로서의 존엄과 행복추구, 자유와 평등, 안전과 정의 등은 물론이고 민주국가·법치국가·사회국가·평화국가·통일국가·문화국가·환경국가·분권국가·경제국가·과학기술국가·인권보장국가 등등과 같이 정치공동체의 구성원으로서 우리가 추구하는 가치들은 거의 다 포용하고 있습니다. 어쩌면 우리 헌법의 아버지들은 현재 우리가 갖고 있는 능력과 실력을 넘어서는 사항들을 헌법규범으로 조문화하여 선물한 다음, 우리에게 그러한 가치들을 지속적으로 계승·발전시키고 현실에서 실질적으로 구현될 수 있도록 당부하고 있는지도 모르겠습니다.

실제로 헌법이 갖고 있는 불완전성과 미완결성 그리고 미흡함은 추상적이고 개방적이며 상반된 내용을 함께 담고 있는 헌법의 필연적인 속성일 수밖에 없습니다. 그렇다면 '헌법개정'을 통해서 일거에 각종 어려움들을 해소하기보다는——물론 '헌법개정'을 통해서 각종 어려움들이 일거에 해소될 수 있다고 믿는 것은 아닙니다——헌법이 권장하고 있는 '법률 등을 통한 헌법적 가치의 형성과 보충 및 구체화'에 기대어 비록 느리더라도 더 치밀하고 더 튼튼하게 더 좋은 방향으로 좌절하지 않고 끊임없이 나아가는 것이 좋지 않을까요? 저는 통일과 같은 헌법현실적 조건의 근본적 변화가 발생되지 않는다면, 헌법을 개정하여 각종 문제들을 해결하려는 시도에 앞서서 '대한민국헌법'에 내포된 가치들을 변화하는 현실적 조건에 맞추어 실질적으로 구현하려는 노력을 우선해야 한다고 생각합니다. 왜냐하면 이러한 노력은 우리 헌법의 아버지들이 우리에게 '대한민국헌법'을 선물하면서 함께 당부한 헌법적 과제일 뿐만 아니라, '대한민국헌법'을 선물받은 우리가 역사 속에서 헌법의 아버지들에게 보답하는 최소한의 예의이기 때문입니다.

11. 세상은 단박에 바뀌지 않습니다. 오히려 단박에 세상을 총체적이고 근본적으로 바꾸려는 기획은 세상을 후퇴시키거나 전쟁 등과 같은 참혹한 사태를 초래해온 경우가 많았습니다. 인간은 총체적 존재라는 점과 우리들의 삶이 복잡하게 뒤엉켜있는 것이 헌법현실이란 점을 고려한다면, 헌법조문 몇 개가 바뀌었다고 해서 단박에 헌법현실이 변화할 수 있다고 기대하는 것은 어리석은 것인지도 모르겠습니다. 그리고 단박에 얻어진 헌법현실의 변화가 있다고 하더라도, 그러한 변화가 긍정적인 결과로 이어질 가능성은 더욱 희박하다고 생각합니다.

12. 저는 우리가 어떠한 정치적 실력과 능력을 얼마나 갖추고 있는지를 진지하게 성찰하지 못한 채, 현실정치 지도자들의 권력투쟁 및 정치적 이해관계에 따라 정교하게 기획된 '헌법개정'이라는 거대담론의 소용돌이에 무비판적으로 빨려 들어감으로써, 우리들 삶의 보존과 고양을 위한 실효적이고 구체적이며 직접적인 조치들을 가능케 하는 다른 각종 수단들을 활용할 수 있는 기회들마저도 잃어버릴지 모른다는 두려움을 갖고 있습니다. 이러한 두려움이 헌법현실에 대한 경험과 통찰이 부족한 책상머리 연구자의 기우였으면 좋겠습니다.

■ 의원내각제로의 개헌에 대해서는 어떻게 생각합니까?

1. 구체적으로 현행 헌법의 무엇을 어떻게 개정하자는 것인지요? '헌법개정'을 통해서 의원내각제를 도입하자고 할 경우에는 개정해야 할 헌법사항을 구체적으로 특정해야 비로소 보다 합리적이고 건설적인 논의가 가능할 것입니다. 막연한 질문에 대해서 지금 이 자리에서 구체적인 대답을 하는 것은 어려울 것 같습니다.

2. 다만 분명한 것은 헌법을 개정해서 정부형태를 의원내각제로 바꾸고자 한다면, 의원내각제의 특성과 장단점, 그리고 그러한 정부형태가 우리 헌법현실에 잘 부합될 수 있을 것인지에 관해서 면밀한 검토와 연구가 선행되어야 합니다. 과연 이러한 연구가 우리에게 충분히 축적되어 있는지 의문입니다. 개인적으로는 의원내각제가 현재 우리 헌법현실에 가장 적합하며 우리가 추구하는 가치들을 가장 잘 구현할 수 있는 유일한 정부형태라고는 생각하지 않습니다. 특히 의원내각제는 집행부(내각)가 입법부(의회)에 의해 구성되며 입법부에 대해서 책임을 지는 정부형태입니다. 따라서 의원내각제에서는 무엇보다도 의회의 능력과 역할이 중요합니다. 그렇다면 의회정치가 복원되지 않고 '정치의 사법화'와 '사법의 정치화'에 대한 우려가 적지 않은 현재 우리 헌법현실에서는 '헌법개정'을 통한 의원내각제 도입 여부보다 의회정치의 복원이 더 시급한 과제가 아닐까요? '헌법개정'을 통한 의원내각제 도입 여부에 관한 문제는 국회가 국민들로부터 충분한 신뢰를 얻은 다음에 행해져도 늦지 않다고 생각합니다.

3. 그럼에도 불구하고 의원내각제가 갖고 있는 여러 가지 장점들에 주목해서 정부형태를 의원내각제로 전환하는 것이 시

급하다는 생각을 갖고 있는 분들에게는 더 많은 시간과 노력 및 어려움이 요구되는 '헌법개정'에 힘을 보태기 전에, 우선 우리 헌법이 규정하고 있는 의원내각제적 요소들을 헌법현실에서 구현해보는 데 관심을 가져볼 것을 권합니다.

우리 헌법상 정부형태는 집행부(대통령을 수반으로 하는 정부)와 입법부(국회)가 각각 독립적으로 국민의 선거를 통해서 구성되며, 집행부는 국민으로부터 선출된 대통령을 중심으로 일원적으로 구성되는 정부형태라는 점에서 기본적으로 대통령제라고 할 수 있습니다. 하지만 전통적인 대통령제 국가의 헌법에서는 찾아보기 힘든 의원내각제적 성격이 강한 조항들을 현행 헌법은 많이 마련해두고 있다는 점에서 엄격히 말하자면 헌법상 대한민국의 정부형태는 '변형된 대통령제' 혹은 '혼합형 정부형태'라고 할 수 있습니다.

따라서 의원내각제로의 개헌을 주장하기에 앞서서 우선 국회의 국무총리임명동의권(헌법 제86조 제1항), 국무총리·국무위원 및 정부위원에 대한 국회의 출석요구권(헌법 제62조 제2항), 국회의 국무총리 및 국무위원에 대한 해임건의권(헌법 제63조), 대통령의 법률안제출권(헌법 제52조) 등등과 같은 현행 헌법이 규정하고 있는 의원내각제적 요소들을 충분히 활용해보자는 것입니다. 만약 헌법상 의원내각제적 요소를 징표하고 있는 조항들을 적극적으로 해석하거나 이를 구체화할 수 있는 법률을 만들어서 의원내각제로 헌법을 개정하지 않고서도 소정의 성과를 얻을 수 있다면, 굳이 헌법을 개정할 필요는 없기 때문입니다.

4. 정부형태에 관한 문제는 국가의 근간에 관한 문제입니다. 우리는 대통령제에 비해서 의원내각제에 대한 경험은 아주 적습니다. 아시다시피 제2공화국 헌법으로 일컬어지는 1960년 헌법에서 의원내각제를 도입한 적이 있습니다만, 1961년 5월 16일 박정희를 중심으로 하는 일부 군인들의 군사쿠데타에 의해서 의원내각제 정부형태를 갖고 있던 제2공화국이 붕괴되었습니다. 그 이후 우리는 기본적으로 대통령제를 기본으로 하는 정부형태를 경험해왔을 뿐입니다. 궁극적으로 우리 헌법현실에는 대통령제보다는 의원내각제가 더 적합한 정부형태라고 하더라도, 당장에 대통령제를 폐기하고 우리 헌정사에서 충분한 경험이 축적되어 있다고 보기 어려운 의원내각제로 단숨에 전환하는 것보다는 현재 우리 헌법에 들어 있는 의원내각제적 요소들을 잘 활용해서 우리에게 적합한 정부형태를 만들어나가는 연습과 실천이 우선될 필요가 있다고 봅니다. 이러한 연습과 실천을 통해서 일정한 성과들이 축적되고 그에 대한 국민적

합의가 모아지면 그때 헌법을 개정해도 된다고 생각하기 때문입니다. 오히려 아무런 연습도 없이 국가의 근간에 해당하는 정부형태를 변화시키는 것은 공동체의 미래를 도박에 내맡기는 것과 크게 다르지 않을 것입니다.

정부형태에 관한 기본적 설명*

일반적으로 **정부형태**란 국가권력기관들 상호간(특히 입법부와 집행부 상호간) 구체화된 국가권력의 분배형태를 의미합니다. 오늘날 민주적 헌법국가에서 주로 확인되는 정부형태로는 대통령제, 의원내각제, 이원정부제 등을 언급할 수 있을 것입니다.

대통령제는 집행부(대통령을 수반으로 하는 정부)와 입법부(국회)가 각각 독립적으로 국민의 선거를 통해서 구성되는 정부형태입니다. 따라서 원칙적으로 집행부는 입법부에 대해서 책임을 지지 않고, 입법부도 집행부의 의사에 따라 그 존속여부가 좌우되지 않습니다.

대통령제는 대통령의 임기 동안 집행부가 안정될 수 있고, 안정된 집행부에 의해서 입법부를 견제함으로써 권력의 균형을 유지할 수 있는 장점이 있습니다. 하지만 집행부와 입법부가 극단에서 갈등하고 대립할 경우에는 국가기능의 마비가 초래될 우려가 있으며, 집행부가 입법부에 대해 책임을 지지 않기 때문에 대통령이 다른 모든 국가권력기관들에 대한 상위권위체

---

* 이준일, 『헌법학강의』, 홍문사, 2015, 847~851쪽 참조.

가 되어서 독주할 우려가 있습니다.

의원내각제는 집행부(내각)가 입법부(의회)에 의해 구성되며 입법부에 대해서 책임을 지는 정부형태입니다. 국민이 선거를 통해서 입법부를 구성하면, 구성된 입법부의 다수파를 중심으로 내각이 태동합니다. 그리고 의원내각제에서 입법부와 집행부는 대통령제에 비해서 긴밀한 상호의존적 관계에 놓여있습니다. 입법부는 행정부를 불신임할 수 있는 권한(내각불신임권)을 보유하며, 집행부는 입법부를 해산할 수 있는 권한(의회해산권)을 보유하고 있습니다.

의원내각제는 무엇보다도 집행부가 입법부에 대해 책임을 지고 입법부는 집행부에 의해서 해산될 수 있기 때문에 책임정치구현에 도움이 되며, 내각에 대한 불신임과 의회의 해산을 통해서 입법부와 집행부 상호간 갈등을 손쉽게 해소할 수 있다는 장점이 있습니다. 하지만 잦은 내각불신임과 의회해산으로 인해 정국이 불안정해질 우려가 있으며, 입법부의 신임 여부에 따라 존속 여부가 결정되는 집행부로 인해서 안정된 정책수행을 담보하기 어렵다는 단점이 있습니다.

이원정부제는 대통령제와 의원내각제를 혼합하여 절충한 정부형태로서, 집행부가 국민이 직접 선출한 대통령과 국민의 선거로 구성된 입법부의 다수파를 중심으로 태동한 내각으로 이원화된 정부형태입니다. 이원정부제는 대통령제와 의원내각제가 혼합되어 있다는 점에서 양 제도의 장점과 단점 또한 함께 공유하고 있습니다.

우리나라의 정부형태는 일반적으로 변형된 대통령제로 이해됩니다. 즉 집행부의 수반인 대통령을 국민이 직접 선출함으로써 집행부의 구성과 조직에서 입법부의 영향력이 배제되고 입법부도 국민에 의하여 독립적으로 구성될 뿐만 아니라, 입법부가 집행부에 의해 존속이 결정되지 않기 때문에 원칙적으로 대통령제의 특성을 띄고 있습니다. 하지만 국무총리의 임명에 국회의 동의를 받도록 하여 집행부의 구성에 입법부가 참여한다든지, 입법부의 구성원인 국회의원이 집행부의 구성원인 각료를 겸임할 수 있으며, 집행부가 법률안제출권과 의회출석 및 발언권을 갖는다는 점에서 의원내각제적 요소를 함께 갖고 있습니다. 이런 의미에서 현행 헌법의 정부형태를 '혼합형 정부형태'라고 부를 수 있겠습니다.

■ 현재 대통령에게 너무 많은 권한이 집중되어 있는 것 같습니다. 개헌을 통해서 정부형태를 이원정부제로 바꾸는 것, 예컨대 국민으로부터 직접 선출된 대통령에게 외교나 국방 등과 같은 업무를 담당하게 하고, 일반적인 국내업무는 국회에서 선출된 총리를 중심으로 구성된 내각이 담당하게 하는 것에 대해서는 어떻게 생각하는지요?

1. 이원정부제는 대통령제와 의원내각제가 혼합되어 있다는 점에서 양 제도의 장점과 단점 또한 함께 공유하고 있습니다. 만약 대통령이 속한 정당이 입법부의 다수파가 되어서 내각을 장악한다면, 집행부와 입법부 모두 특정 정당이나 대통령에 의한 독주가 되어서 권력이 남용될 우려가 큽니다. 따라서

대통령의 권한을 분산하기 위해서 제안한 이원정부제가 경우에 따라서는 오히려 대통령이나 대통령 소속 정당에 대한 권력 집중을 가져올 수 있습니다.

반면에 대통령이 속한 정당과 대립되는 정당이 입법부의 다수파가 되어 내각을 장악한다면, 집행권의 배분을 둘러싼 권한 다툼이 발생하거나 집행권의 안정적 행사가 어렵게 될 가능성이 많습니다. 즉 대통령과 총리가 한편으로는 자신의 권력확대를 위해서 일정한 사항에 대해서 자신의 권한을 서로 주장하면서도, 다른 한편으로는 특히 많은 비판을 피할 수 없는 예민한 정책의 집행이나 실정에 대해서는 서로에게 책임을 미루면서 자신의 권한사항이 아니라고 할 가능성이 많다는 것입니다.

특히 관념적으로는 '외치'와 '내치'(혹은 '외교/국방과 관련된 업무'와 '일반적 국내업무')가 분별될 수 있다고 하더라도, 실제 현실에서 발생하는 많은 문제들은 '외치'와 '내치'가 뒤섞여 있는 총체적인 권력행사일 가능성이 많을 뿐만 아니라, 평가하는 관점에 따라 이원정부제에서 대통령의 권한사항에 해당하는 '외치'인지 아니면 총리가 담당해야 할 '내치'인지가 달리 판단될 수 있는 경우가 많을 것인바,* 이원정부제에서 대통령과 총리의 권

* 실제로 요즘 문제가 되고 있는 고고도 미사일 방어체계(사드: THAAD Terminal High

한 배분을 둘러싼 다툼 및 그로 인한 책임정치의 실종은 항상 잠복되어 있는 문제라고 생각합니다.

2. 그럼에도 불구하고 정부형태를 이원정부제로 전환하려고 한다면, 다시 돌이키기가 쉽지 않은 '헌법개정'이란 방법을 택하기에 앞서서 우선 우리 헌법에 내포되어 있는 의원내각제적 요소를 먼저 연습 삼아서라도 활용해보는 것이 현명하다는 것입니다.

앞서 말씀드린 것처럼 현행 헌법의 정부형태는 전통적인 대통령제가 아니라 '변형된 대통령제' 혹은 '혼합형 정부형태'입니다. 대통령제와 의원내각제를 혼합하여 절충한 정부형태인 이원정부제가 갖고 있는 여러 측면을 '헌법개정' 없이 현행 헌법을 통해서도 상당 부분 경험해볼 수 있다는 것입니다.

예컨대 앞서 말씀드린 소위 책임총리제가 바로 그것입니다. 즉, 대통령에게 부여된 권한을 대통령 스스로 억제하고 권력을 분점하기 위한 순수한 의도에서 국무총리에게 내각구성과 내정에 관한 실질적 권한을 부여하는 관행이 굳건히 뿌리를 내려

Altitude Area Defense) 도입 문제가 '내치'인지 '외치'인지에 대해서도 의견이 분분하다는 것은 주지의 사실입니다.

안정적인 정국운영을 가능케 하는 묘안으로서, 국민들로부터 호응을 얻게 될 경우 이러한 차원에서 정착된 책임총리제는 오히려 국무총리 임명에 반드시 국회의 동의를 얻도록 하고 있는 헌법 제86조 제1항에 더 잘 부합되는 헌법적 차원의 내용으로서 그 의미를 확보할 수도 있을 것이며, 이 경우 책임총리제를 구체화하는 법률은 위헌이 아니라 헌법적 차원의 내용을 구체화하고 있는 법률로 평가받을 수도 있다는 것입니다.

3. 보다 근본적으로 '대통령에게 너무 많은 권한이 집중되어 있는 것'이 문제라면 굳이 '헌법개정'을 할 것이 아니라, 대통령의 권한을 통제하거나 제한하는 법률을 제정하는 것이 더 바람직하고 실효적일 것입니다. 현행 헌법에 위반되지 않는 범위에서도 법률로써 추진해볼 수 있는 다양하고 실효적인 방법들이 많습니다.

예컨대 주요한 권력기관이나 공직자들의 임명에 국회의 관여를 강화한다거나, 지방자치가 실질적으로 구현될 수 있도록 하거나, 교육감을 주민들의 직선으로 선출하는 것과 같이 일정한 공직자들을 선출하거나, 대통령 직속기관들을 축소하거나 그 소속을 변경하는 것, 국가인권위원회·공정거래위원회·금융감독위원회 등과 같은 독립기관을 보다 많이 확충하고 이러한 기관 구성에 대통령의 관여를 가급적 축소하는 것, 혹은 대통령의 권한행사와 관련된 예산을 국회에서 엄격하게 통제하는 방법 등등이 바로 그러합니다.

법률로써 능히 할 수 있음에도 불구하고, 법률 제·개정은 외면하면서 그보다 훨씬 어려운 방법인 '헌법개정'만을 고집하는 것은 다른 저의가 있거나 혹은 헌법을 개정해야 하는 이유라고 내세운 것들을 실제로는 달성하고 싶지 않다는 의사표현과 본질적으로 다르지 않다고 생각합니다.

■ 비례대표 국회의원의 확대 등과 같은 선거제도 개혁을 위한 개헌에 대해서는 어떻게 생각하는지요?

개인적으로는 비례대표제가 더 확대되어야 한다고 생각합니다. 그런데 헌법 제41조 제3항은 "국회의원의 선거구와 비례대표제 기타 선거에 관한 사항은 법률로 정한다"고 되어 있습니다. 즉, 비례대표제의 확대를 위해서 굳이 헌법을 개정할 필요는 없다고 생각합니다. 법률을 제정 혹은 개정하는 방법으로 비례대표제로 선출되는 국회의원의 수를 확대하는 방법은 얼마든지 가능합니다. 아울러 헌법은 제24조에서 "모든 국민은 법률이 정하는 바에 의하여 선거권을 가진다"고 하고 있습니다. 요즘 논란이 많은 선거연령을 18세로 낮추어야 한다는 것 또한 법률을 통해서 달성될 수 있습니다.

■ 국민발안제도나 국민소환제도 등과 같은 직접민주주의적 요소를 도입하기 위해서 개헌하는 것은 어떻게 생각합니까?

1. 직접민주주의는 주권의 보유자와 주권의 행사자를 분리하지 않고 양자를 일치시키고자 하는 제도입니다. 즉 주권의 보유자인 국민이 자신을 대표하는 기관을 통해서 간접적으로 주권을 행사하는 것—간접민주제 혹은 대의제—이 아니라, 스스로 직접 규범도 정립하고(입법권도 행사하고), 구체적 상황에서 정립된 규범을 적극적으로 집행하고(행정권도 행사하고), 구체적 분쟁이 발생했을 때 정립된 규범을 해석/적용하여 해당 분쟁도 해결(사법권도 행사)하는 것을 말합니다. 이러한 의미에서의 직접민주주의가 '넓은 공간에 다양한 이해관계를 갖고 있는 많은 주권자들이 전문적이며 복합적인 업무들과 중첩적으로 얽혀져 있는 오늘날의 헌법현실'에서 얼마나 실효적으로 행해질 수 있을 것인지가 의문입니다.

2. 아울러 직접민주주의를 제약하는 공간적·시간적 혹은 물리적 조건들이 해소될 수 있다고 하더라도 다음과 같은 점들을 고민해볼 필요가 있습니다. 다소 거칠게 말하자면 직접민주주의는 우리가 대표자를 내세워서 국가의 주요한 일을 결정하는 것이 아니라, 우리 스스로 국가의 의사를 결정하는 제도라고 할 수 있습니다. 그런데 이러한 직접민주주의는 무엇보다도 책임정치가 이루어지지 않을 가능성이 많습니다.

여러분, 한번 생각해보세요. 만약 주권자인 국민이 스스로 국가의 일을 결정하고 처리하는 과정에서 잘못된 선택을 하거나 일을 엉망진창으로 해버린다면 과연 누구에게 어떤 책임을 지울 수 있겠습니까? 스스로에게 책임을 지운다는 것은 결국 아무런 책임을 지지 않겠다는 것과 다르지 않습니다.* 반면에 간접민주주의 혹은 대의제 아래에서는 주권자인 국민을 대표해서 국가의 의사를 결정하고 그 일을 처리하는 우리의 대표자들

---

* 여러분들은 중·고등학교에 다니던 시절에 늦잠을 자서 지각을 하는 경우 혹은 방을 엉망진창으로 만들어 놓고 정리정돈을 하고 있지 않는 경우 부모님으로부터 "일찍 일어나라" 혹은 "방 청소 좀 해라" 등과 같은 질책을 받은 경우가 없었는지요? 돌이켜보면 이러한 질책에 대해서 저는 "내 일은 내가 알아서 할게요."라고 짜증스럽게 대답만 할 뿐, 정작 깨우지 않아도 일찍 일어나거나 스스로 방 청소를 한 적이 그리 많지 않았습니다. 결과적으로 보면 '내 일은 내가 알아서 한다'는 것은 하지 않겠다는 항변과 실제로 다르지 않았습니다. '내 일은 내가 알아서 한다'라는 것, 즉 직접민주주의가 능사는 아니라는 것입니다.

이 잘못된 결정을 하거나 혹은 일을 잘못 처리한 경우에, 우리는 그러한 대표자에게 일정한 불이익을 부과하고 비난하거나 혹은 다음 선거에서 그들을 선출하지 않는 방법을 통해서 책임을 묻고 심판할 수 있습니다. 뿐만 아니라 직접민주주의에서의 의사결정은 간접민주주의에서의 의사결정에 비해서 합리성이 떨어지거나 정교하지 못할 가능성이 많습니다. 주권자인 다수 국민 내지는 대중들은 자신들이 선출한 대표자들에 비해서 상대적으로 인기 영합적 선동정치에 훨씬 취약할 뿐만 아니라, 자신과 직접 이해관계를 갖지 않는 공동체의 업무에 관해서 무관심하거나 혹은 관심이 있다고 하더라도 상대적으로 높은 전문성을 기대하기 어려운 경우가 대부분이기 때문입니다.

3. 뿐만 아니라 '직접민주주의'는 그 자체가 목적이 아닙니다. '직접민주주의'든 '간접민주주의'든 양자는 모두 주권자인 국민에 의한, 국민을 위한 정치공동체를 만들기 위한 수단일 뿐입니다. 따라서 우리의 과제는 직접민주주의와 간접민주주의 양자 중 하나를 선택하는 문제가 아니라, 민주주의의 실질적 구현을 위해서 구체적으로 어떤 방법을 활용하는 것이 보다 합리적이고 효과적인가라는 물음에 대한 대답을 찾는 것일 수 있습니다. 자신의 삶의 보존과 향상을 위해서 일상을 바쁘게 보내고

있는 우리가 다양하고 전문적인 공동체의 각종 문제들이나 민감하고 복잡하게 얽혀있는 공적 이해관계들을 해결하고 조율하며 관련 분쟁들을 해소하는 일에 직접 뛰어들기보다는 공적인 일들을 가장 잘 처리할 수 있을 것으로 기대되는 대표자를 선출하고 그 대표자의 행위에 대해서 책임을 묻는 것인 훨씬 손쉬울 뿐만 아니라, 소중한 우리 개개인들의 일상을 보존하는데 훨씬 효과적인 방법이 아닐까요?

간접민주주의(대의제) 아래에서의 주권자보다도 직접민주주의 아래에서의 주권자가 훨씬 많은 능력과 통찰 및 헌신을 요구받습니다. 왜냐하면 간접민주주의 아래에서 주권자는 대표자를 잘 선택하고 대표자의 행위를 잘 감시하면 되지만, 직접민주주의 아래에서 주권자는 스스로 각종 의사를 결정해야 할 뿐만 아니라, 경우에 따라서는 결정된 의사에 따라 적극적으로 집행을 스스로 하거나 혹은 소극적인 분쟁해결을 스스로 해야 하기 때문입니다. 토크빌Charles Alexis Clérel de Tocqueville의 표현과 같이 모든 민주주의 국가에서 국민은 그들의 수준에 맞는 정부를 갖는 법입니다. 그렇다면 간접민주주의하에서 좋은 정부를 만들어내지 못하는 국민이 더 높은 수준을 요구하는 직접민주주의를 통해서 더 좋은 정부를 만들어내겠다는 것은 어불성설 아닐까요? 따라서 저는 간접민주주의(대의제)가 제대로 작동하는 곳에서는 직접민주주의는 불필요하거나 큰 의미가 없으며, 반면에 간접민주주의(대의제)가 제대로 작동하지 않은 곳에서 행해진 직접민주주의는 오히려 공동체를 더 엉망으로 만들 가능성이 많다고 생각합니다. 혁명이나 혁명에 준하는 비상상황이 아니라면, 간접민주제를 통해서 망가진 정치공동체가 직접민주제를 통해서 복원될 수 있다는 것은 오히려 환상에 가깝습니다. 그렇다면 우리는 기본적으로 직접민주주의에 주목하기보다는 간접민주주의를 통한 민주주의의 실질적 구현에 노력하는 것이 훨씬 합리적이지 않을까요?

4. 물론 참여를 통한 국민의 정치의식을 높이고 간접민주제의 취약점을 보완한다는 차원에서 직접민주제적 요소를 일부 도입하는 것은 여러 가지 장점이 있습니다. 우리 헌법은 기본적으로 간접민주주의(대의제)를 원칙으로 하고 있지만, 예외적으로 직접민주제적 요소라고 할 수 있는 국민투표제도를 마련해두고 있습니다. 헌법개정안 확정을 위한 헌법 제130조 제2항에 따른 국민투표와 "외교·국방·통일 기타 국가안위에 관한 중요정책"과 관련해서 대통령이 국민투표에 부칠 수 있도록 규정하고 있는 헌법 제72조가 바로 그것입니다. 그런데 헌법개정안 확정을 위한 필수적 국민투표와는 달리, 헌법 제72조에 의

한 국민투표는 대통령이 부쳐야 비로소 행해질 수 있는 임의적 국민투표라는 점에서 대통령이 헌법 제72조를 매개해서 국민의 대의기관인 국회를 배제하고 직접 국민과 소통하거나 자신의 신임을 묻기 위한 수단으로 남용할 위험성이 아주 많습니다. 따라서 일반적으로 이러한 위험을 미연에 방지하기 위해서 대통령이 국민투표에 부칠 수 있는 헌법 제72조의 요건들을 아주 엄격하게 축소하여 해석하고 있습니다.

5. 질문에서 제시한 직접민주주의의 한 요소인 국민발안제도는 일반적으로 국민이 필요하다고 판단하는 법과 제도를 시민이 직접 입안하고 결정할 수 있는 제도로서 일종의 '국민입법권'으로 이해되고 있습니다. 즉, 일정 수 이상의 유권자가 법률안을 발의하면 국회는 이를 일정 기간 내에 반드시 처리해야 하는 제도로 볼 수 있겠습니다. 이러한 국민발안제도는 헌법개정의 제안과 관련해서 1954년 헌법(헌법 제3호) 제98조 제1항에서 신설되었으나,* 1972년 헌법(헌법 제8호) 이후 사라졌습니다. 그리고 일종의 '국민파면권'으로 이해되고 있는 국민소환제도는

* 1954년 헌법 제98조 ① 헌법개정의 제안은 대통령, 민의원 또는 참의원의 재적의원 3분지 1 이상 또는 민의원의원선거권자 50만 인 이상의 찬성으로써 한다.

국민이 직접 국회의원이나 공직자 등을 소환하는 제도입니다. 간접민주주의(대의제)를 기본으로 하고 있는 현행 헌법하에서 특히 국회의원을 대상으로 하는 국민소환제도는 헌법해석상 인정되기 어려운 측면이 많습니다.

6. 관련하여 직접민주주의가 갖고 있는 여러 가지 어려움과 문제점 및 위험성에 주목하고 있는 저는 질문하신 국민발안제도나 국민소환제도를 도입하기 위해서 헌법을 개정하기보다는 오히려 먼저 지방자치단체 차원에서 우리에게 마련되어 있는 유사한 제도들—예컨대 지방자치법상의 주민투표제도*, 주민소환제도**, 주민에 의한 조례의 제정과 개폐 청구제도*** 및 지방

---

* 지방자치법 제14조(주민투표) ① 지방자치단체의 장은 주민에게 과도한 부담을 주거나 중대한 영향을 미치는 지방자치단체의 주요 결정사항 등에 대하여 주민투표에 부칠 수 있다. ② 주민투표의 대상·발의자·발의요건, 그 밖에 투표절차 등에 관한 사항은 따로 법률로 정한다.

** 지방자치법 제20조(주민소환) ① 주민은 그 지방자치단체의 장 및 지방의회의원(비례대표 지방의회의원은 제외한다)을 소환할 권리를 가진다. ② 주민소환의 투표청구권자·청구요건·절차 및 효력 등에 관하여는 따로 법률로 정한다.

*** 지방자치법 제15조(조례의 제정과 개폐 청구) ① 19세 이상의 주민으로서 다음 각 호의 어느 하나에 해당하는 사람(「공직선거법」 제18조에 따른 선거권이 없는 자는 제외한다. 이하 이 조 및 제16조에서 "19세 이상의 주민"이라 한다)은 시·도와 제175조에 따른 인구 50만 이상 대도시에서는 19세 이상 주민 총수의 100분의 1 이상 70분의 1 이하, 시·군 및 자치구에서는 19세 이상 주민 총수의 50분의 1 이상 20분의 1 이하의 범위에서 지방자치단체의 조례로 정하는 19세 이상의 주민 수 이상의 연서(連署)

재정법에 규율하고 있는 주민참여예산제도* 등등—부터 잘 활용해보는 것이 순서가 아닐까 하는 생각을 갖고 있습니다. 특히 '주민소환제도'와 '주민에 의한 조례의 제정과 개폐 청구제도'는 국가기관이 아니라 지방자치단체 차원에서 행해진다는 점에서 '국민소환제도'나 '국민발안제도'와는 분명 다른 차원의 제도입니다만, 그 본질은 각각 국민소환제도와 국민발안제도와 유사하다고 하겠습니다.

7. 아울러 간접적인 방법입니다만 국민소환제도와 유사한 결과를 얻을 수 있는 제도를 현행 헌법은 마련해두고 있습니다. 예컨대 국회의원에 대해서 국회는 의원의 자격을 심사하

로 해당 지방자치단체의 장에게 조례를 제정하거나 개정하거나 폐지할 것을 청구할 수 있다. 1. 해당 지방자치단체의 관할 구역에 주민등록이 되어 있는 사람 2. 「재외동포의 출입국과 법적 지위에 관한 법률」 제6조 제1항에 따라 해당 지방자치단체의 국내거소신고인 명부에 올라 있는 국민 3. 「출입국관리법」 제10조에 따른 영주의 체류자격 취득일 후 3년이 경과한 외국인으로서 같은 법 제34조에 따라 해당 지방자치단체의 외국인등록대장에 올라 있는 사람.

* 지방재정법 제39조(지방예산 편성 과정의 주민 참여) ① 지방자치단체의 장은 대통령령으로 정하는 바에 따라 지방예산 편성 과정에 주민이 참여할 수 있는 절차(이하 이 조에서 '주민참여예산제도'라 한다)를 마련하여 시행하여야 한다. ② 지방자치단체의 장은 제1항에 따라 예산 편성 과정에 참여한 주민의 의견을 수렴하여 그 의견서를 지방의회에 제출하는 예산안에 첨부하여야 한다. ③ 행정자치부장관은 대통령령으로 정하는 바에 따라 지방자치단체별 주민참여예산제도의 운영에 대한 평가를 실시할 수 있다.

며 징계할 수도 있으며(헌법 제64조 제2항), 국회재적의원 3분의 2 이상의 찬성으로 제명해서 국회의원직을 상실케 할 수도 있습니다(헌법 제64조 제3항). 그리고 대통령·국무총리·국무위원·행정각부의 장·헌법재판소 재판관·법관·중앙선거관리위원회 위원·감사원장·감사위원·기타 법률이 정한 공무원 등에 대해서는 탄핵제도를 마련해둠으로써 일정한 경우에 이들을 파면에 이르게 할 수도 있습니다(헌법 제65조). '헌법개정'을 통한 국민소환제도의 도입 이전에 법률의 정비 등을 통해서 이미 우리가 갖고 있는 헌법상 제도들이 잘 활용될 수 있도록 하는 것이 보다 현실적이고 적절한 방법일 수 있습니다.

8. 뿐만 아니라 오늘날은 미디어의 발달로 인해 여론이라는 이름으로 나날이 새로운 국민투표가 일상적으로 행해지고 있으며, 이를 통해서 국민의 의사가 거의 실시간으로 직접 전달되고 있습니다. 즉 대의기관이 민의를 파악하는 것은 과거보다 손쉬워진 반면에, 민의를 왜곡하는 것은 과거보다 상대적으로 어려워졌습니다. 따라서 민의에 기초하여 행해지는 대의기관에 대한 현실적 통제는 과거보다 훨씬 효율적이고 강력하다고 볼 수 있습니다. 이러한 헌법현실적 변화에 기초해서 의회정치를 복원하고 국회의 기능을 회복한다면, 국민이 스스로 대표자를

선출했음에도 불구하고 선출된 대표자들로 구성되는 국회를 신뢰하지 못해서 다시 주권자인 국민이 직접 입법권을 행사하려는 자기 모순적 상황을 조장하는 '국민발안제'를 굳이 도입할 필요가 없지 않나 하는 생각도 해봅니다.

■ 헌법개정을 통해서 기본권이나 지방자치권 등을 더욱 잘 보장해야 하는 것은 아닌가요?

우선 헌법은 제10조에서 "모든 국민은 인간으로서의 존엄과 가치를 가지며, 행복을 추구할 권리를 가진다. 국가는 개인이 가지는 불가침의 기본적 인권을 확인하고 이를 보장할 의무를 진다"고 규정하면서 각종 기본권보장 조항들을 헌법전 곳곳에 마련해두고 있습니다. 그러면서도 혹 누락된 기본권들이 있을 수 있다는 점을 고려해서 "국민의 자유와 권리는 헌법에 열거되지 아니한 이유로 경시되지 아니한다"라는 조항을 헌법 제37조 제1항에서 밝혀두고 있습니다. 즉 인권과 관련된 거의 모든 가치들은 현행 헌법으로도 포착될 수 있을 뿐만 아니라, 혹 포착되기 어려운 어떤 권리가 있다고 하더라도 이를 법률을 통해서 보장하는 것을 헌법은 방해하고 있지도 않습니다. 따라서 국민의 권리보장을 위해서 헌법을 개정할 현실적 실익은 그다지 없다고 생각됩니다.

또한, 지방자치제도와 관련된 거의 대부분의 문제들은 지방자치법 등과 같은 법률을 개정하거나 경우에 따라서는 새로운 법률을 제정하는 방법으로 해결될 수 있다고 생각합니다. 헌법에 지방자치에 관한 사항이 미흡함은 사실입니다만, 많은 사항들을 법률로 정할 수 있도록 맡겨두고 있기 때문입니다.

■ 교수님께서는 기본적으로 개헌에 대해 소극적인 입장을 갖고 계신다는 것은 알겠습니다. 그럼에도 불구하고 만약 헌법을 개정해야 한다면, 구체적으로 현행 헌법에서 반드시 고쳐져야 할 것 혹은 반드시 추가되어야 할 것은 무엇이라고 보시는지요?

물론 저 또한 현행 헌법이 완벽하다고는 생각하지 않습니다. 그럼에도 불구하고 '헌법개정'에 소극적인 이유는 앞서 여러 차례 말씀드린 것처럼 헌법현실에서 발생되는 문제들의 거의 대부분은 '헌법개정'이 아니라 법률을 제정 혹은 개정하거나 헌법현실을 변화시키는 방법으로 해결될 수 있다고 생각하기 때문입니다. 그리고 '헌법개정'을 통해서 더 많은 것을 잃어버릴 가능성 또한 배제할 수 없기 때문입니다.

개헌에 소극적인 제게 개헌을 전제한 다음, 현행 헌법에서 수정되어야 할 구체적 사항들에 대해 묻는 것은 자기 모순적 진술을 요청하는 것과 다름없으며, 무엇보다도 일반적인 토론규칙에도 어긋납니다. 왜냐하면 현행 헌법에서 무엇을 고쳐야 하는지에 관해서는 개헌에 반대하는 사람이 아니라, 개헌을 주장하는 사람들이 적극적으로 밝혀야 할 사항입니다. 즉 개헌론자들은 마땅히 현행 헌법에서 어떠한 부분이 왜 고쳐져야 하는지를 뚜렷하게 제시한 다음, 그러한 문제가 '헌법개정'이 아닌 다른 방법을 통해서 해결되기 어려운 이유를 논증하고 구체적인 개헌안을 내놓아야 합니다. 구체적인 개헌안이 제시된다면, 그것을 대상으로 충분히 토론하고 논의할 준비가 되어 있다는 말씀을 드리는 것으로 대답을 갈음하고자 합니다.

■ 앞으로 정치권과 언론 등에서 헌법개정에 관한 목소리가 다른 때에 비해서 높아질 것 같습니다. 헌법개정에 소극적인 교수님께서는 이러한 현실을 어떻게 마주하실 생각입니까?

헌법을 실현하고자 하는 목소리보다 헌법을 바꾸고자 하는 목소리가 더 크고 적극적으로 제기되는 시기는 정상적인 시기가 아님은 분명합니다. 앞으로 우리가 어떠한 헌법현실을 마주하게 될지는 모르겠지만, 가능한 한 저는 헌법학자로서 새로운 헌법안을 적극적으로 내어놓기보다는 현행 헌법에 보다 많은 관심과 애정을 기울이고 싶습니다. 헌법해석을 통해서 헌법규범과 헌법현실 간의 틈을 메우고 이미 우리 앞에 존재해 있는 헌법적 가치의 실질적 구현에 힘쓰는 것, 바로 이것은 분석적·규범적 방법에 기초해서 헌법을 연구하는 사람들에게는 숙명과도 같은 것입니다.

관련하여 여러분들에게 다음과 같은 당부의 말씀은 꼭 드리고 싶습니다. 헌법개정의 목적이 헌법규범문장 그 자체의 단순한 수정이 아니라 권력통제를 통한 인간으로서의 존엄과 행복추구 및 삶의 계속적 고양에 있는 것이라면, 추상적 언어가 난무하는 거대담론의 소용돌이 속으로 빨려 들어갈 것이 아니라, 각성하고 지금 이 자리에서 실현가능성이 높은 구체적 변화들부터 견인해나가는 실천을 꾸준히 그리고 일상적으로 해야 합니다. 그러한 실천이 가장 강력한 '**헌법개정운동**'일 수 있습니다.

현행 헌법 또한 1980년 5월 '광주민주화운동'에서부터 1987년 6월 '민주항쟁'에 이르기까지 독재에 저항해온 누적된 실천의 산물임을 기억합시다. 국회개헌특위나 사회 각계각층에서 당파적 이해관계에 기초하여 경쟁적으로 벌이고 있는 작금의 '**개헌안 생산운동**'을 멈추고 헌법현실의 변화와 법률 제·개정 등과 같은 보다 구체적이고 가능성 높은 뚜렷한 실천으로 즉각 나아가야 합니다. 헌법의 개방성과 추상성 및 상반규범성은 이러한 실천을 가능하게 할 뿐만 아니라, 독려하고 있습니다.

구체적이고 실효적인 실천들이 쌓이고 쌓여서 ('박근혜 대통령 퇴진촉구'에 버금가는) 국민 다수의 거대한 흐름이 자연스럽게 형성될 때 비로소 권력으로부터 '강요된 개헌안'이 아니라 '우리가 진정 원하는 개헌안'이 구체화될 수 있을 것이며, 이를 확정하는 '헌법개정을 위한 국민투표'(헌법 제130조 제2항)는 국민적 축제의 장이 될 수 있을 것입니다. 하지만 누적된 실천과 성과 없이 한방에 모든 것을 해결하려는 열망으로 가득한 '헌법개정을 위한 국민투표'는 우리가 스스로 우리의 삶을 거덜 내는 재앙을 선택한 비극으로 기억될 수 있음을 간과하지 않았으면 좋겠습니다.

'퇴진' 원 포인트 개헌이 '탄핵소추'보다 바람직한 일곱 가지 이유*

퇴진을 거부하고 있는 대통령을 평화적이고 합헌적으로, 그리고 주권자인 국민의 손으로 물러나게끔 하는 방법이 있다. 현행 헌법 부칙에 "이 헌법 공포 당시의 대통령은 이 헌법 시행과 동시에 임기가 만료된 것으로 본다"는 조항을 추가해 '박근혜 대통령 퇴진을 위한 원 포인트 헌법개정'(이하 원 포인트 개헌)을 하는 것이다. 이는 현재 정치권에서 추진 중인 대통령에 대한 탄핵소추에 비해서 다음과 같은 장점을 갖고 있다.

첫째, 정치적 해결 방안이다. 대한민국을 대표하는 최고권력기관의 명운을 임명된 사법관료의 판단에 맡기는 탄핵은 '정치'를 '사법'으로 대체하는 것인바, 민주주의적 관점에서 바람직하지 않다. 반면에 '원 포인트 개헌'은 국민투표 과정을 거치므로 직접민주주의를 실천하는 과정이며, 엉망이 된 정치를 복원하는 과정이 된다.

둘째, 실효적이며 예측가능성이 높다. 국회에서 탄핵을 소추하는 것과 헌법개정안을 의결하는 것은 그 정족수가 같다. 그런데 탄핵은 상대적으로

---

* 이 글은 2016년 11월 29일 『한겨레』 25면 「왜냐면」에 실린 글입니다. 『뉴스민』 주최로 행해진 '헌법개정'에 관한 강의 후, 국정을 농단한 박근혜 전 대통령에 대한 퇴진운동이 본격화되었습니다. '헌법개정'에 대해 소극적인 입장을 갖고 있음에도 불구하고, 당면한 헌법현실의 중차대한 문제를 조속하고 질서정연하게 해결하기 위한 수단으로 '(원 포인트) 헌법개정'을 제안하였습니다. 헌법을 실현하자는 목소리보다 헌법을 개정하자는 목소리가 더 크고 적극적으로 제기되는 시기는 정상적인 시기가 아님은 분명합니다.

시간이 많이 소요될 뿐만 아니라 불확실성이 높다. 그러나 '원 포인트 개헌'이 국회에서 의결되면 대통령 퇴진 여부는 국민투표를 통해서 30일 이내에 확정된다(헌법 제130조 제2항).

셋째, 투명할 뿐만 아니라 의회권력 통제도 가능하다. 탄핵소추에 대한 의결은 국회에서 무기명 투표이지만 헌법개정안에 대해서는 기명 투표로 한다. 따라서 투표 결과에 대한 국회의원의 정치적 책임을 묻기가 수월하다.

넷째, 유연하게 활용할 수 있으며 합리적이다. 탄핵과 병행할 수도 있으며 탄핵을 통한 퇴진을 압박할 수 있는 수단으로도 활용 가능하다. 현행 헌법개정 조항의 방식을 활용한다는 점에서 위헌의 문제가 없고 '민주적 정당성이 취약한 국무총리에 의한 대통령 권한대행'의 문제도 상당 부분 해소된다.

다섯째, 정치적 평화를 가져온다. 만약 헌법재판소가 대통령 탄핵소추를 각하 또는 기각한다면 주권적 저항 가능성이 높고 탄핵 결정이 내려지더라도 이를 문제삼을 가능성이 있다. 하지만 '원 포인트 개헌'은 국민투표를 통해서 확정되므로 '침묵하는 다수'를 거론하며 촛불시위를 폄훼하는 이들도 국민투표의 결과를 부정하기 어려울 것이다.

여섯째, 질서정연하고 품위있게 대통령을 퇴진하게 하는 방법이다. 탄핵심판의 결과는 파면이다. 설사 '참 나쁜 대통령'이라고 하더라도 국민에 의해서 선출된 대표를 사법관료의 손을 빌려서 '파면'당하게끔 하는 것은 머슴을 대하는 주인 된 자의 예의도 아닐 뿐만 아니라 무엇보다도 주권자 스스로에 대한 자기 모욕이다.

일곱째, 주권자로서 자기반성의 계기다. 우리는 그동안 정치에 무관심했고 비난은 했을지언정 주권자로서 권력을 감시하고 통제하는 것에는 무능했다. 국정원 대선 개입, 개성공단 폐쇄, 간첩조작사건, 노동탄압, 세월호 침몰, 백남기 농민의 죽음에서 그러했다. 그러면서 우리는 애당초 구중궁궐 속에서 구상유취 상태로 떼쓰는 어린아이 같은 사람에게 대통령이라는 걸맞지 않은 멍에를 씌워 놓고 안온한 삶을 욕망했는지도 모르겠다. '원 포인트 개헌'을 확정하기 위한 국민투표는 바로 주권자로서 자기반성과 참회를 위한 실천의 과정이 될 것이다.

헌법학자로서 나는 현실에서 거론되어온 각종 개헌 논의들에 대해서 비판적 시각을 견지해왔다. 하지만 박근혜 대통령 국정농단 사건의 심각하고 엄중한 헌법현실과 국민 절대다수의 퇴진 요구에도 대통령의 자진 퇴진을 기대하기 어려운 현 상황에서는 '원 포인트 개헌'은 충분히 검토될 필요가 있다고 본다. 권력구조 개편 등과 같은 당리당략적 다른 불순물들이 끼어들지 않기를 바라면서, 이 글이 헌법국가 구현에 이바지할 수 있는 진지한 공론의 계기가 되었으면 한다.

더 많은 질문들과 의견들이 있겠지만, 우리에게 허락된 시간이 이미 지났습니다. 이제 강의를 마무리하고 이 강의가 진행되고 있는 공간(국가인권위원회 대구인권교육센터) 또한 비워야 할 때입니다. 지금까지 저는 '헌법개정'이라는 쟁점을 둘러싸고 고민해볼 수 있는 몇 가지 헌법적 문제들에 대해서 여러분들과 소통하기 위해 노력했습니다. 마지막으로 다음과 같은 점을 강조하면서 이 강의를 마치고자 합니다.

모든 학문이 그러하듯, 헌법적 문제에 대해서도 시공간을 초월한 완전한 정답은 존재하지 않습니다. 다만 특정한 시간적·

공간적 조건에서 더 적절하고 설득력 있는 헌법적 대답이 존재할 수 있을 뿐입니다. 그리고 그러한 대답도 소극적인 사법과정에서 재판이라는 방식으로 행해지는 것이냐, 그렇지 않으면 적극적인 정치과정의 일환으로 행해지는 것이냐에 따라 달라질 수 있습니다.

이 강의를 통해서 제가 직접적 혹은 간접적으로 피력한 주장이나 대답 또한 흠결 없는 완벽한 대답이 아님은 물론입니다. 하지만 분명한 것은 '일정한 정치적 공간에서 다양한 집단이나 사람들이 더 많은 가치와 권력을 획득하기 위해서 서로 다투거나 협력하는 과정에서 형성된 힘의 균형점 상태가 규범화된 정치공동체의 근본적인 최고질서'가 헌법이 갖고 있는 날것 그대로의 모습이기에, 헌법을 공부한다는 것은 사실로서의 헌법을 의미하는 '헌법현실'과 당위로서의 헌법을 의미하는 '헌법규범' 간의 끝없는 상호참조과정이면서 동시에 우리를 지배하고 있는 가장 강력한 힘과 대결하는 과정입니다. 이러한 상호참조와 대결 과정을 통해서 우리는 일차적으로는 국가권력이 보다 건강하고 튼튼하며 정의롭고 합리적으로 행사될 수 있도록 권력을 통제·규제하지만, 궁극적으로는 헌법전문에서 밝히고 있는 "우리들과 우리들의 자손의 안전과 자유와 행복을 영원히 확보"하고자 합니다.

헌법을 개정하는 것이 좋을 것인가? 그렇지 않으면 개정하지 않고 기존의 헌법을 계속해서 활용하는 것이 좋을 것인가? 만약 개정한다면 언제 어떤 방법으로 개정하는 것이 좋겠는가? 현행 헌법의 무엇을 어떻게 수정해야 하는가? 이와 같은 문제들 또한 사실 '헌법규범과 헌법현실이 상호작용하는 삶의 현장에서 우리 삶을 보존하고 보다 존엄하게 향상시키기 위해 국가권력을 어떻게 통제하고 더 좋은 정치공동체를 어떻게 만들어 나갈 것인가?'라는 보다 근본적인 과제를 해결하기 위한 세부 물음일 뿐입니다.

이 강의에서는 '헌법개정'이라는 아주 지엽적이고 국한된 문제만 다루었습니다. 헌법을 개정해야 한다는 주장들만 거칠게 난무할 뿐, '헌법개정' 그 자체에 대한 진지한 성찰이 실종되고 있는 헌법현실에 대한 안타까움이 적지 않았기 때문입니다. 하지만 '헌법개정' 그 자체에 대한 이해를 넘어서서 대한민국이라는 정치공동체의 구성원인 여러분들의 삶에 '권력통제와 인간으로서의 존엄과 가치'라는 헌법적 문제의식이 각인되는 계기가 될 수 있으면 더욱 좋겠습니다. 감사합니다.

개헌의 이론과 현실

헌법개정

초판 1쇄 발행 2017년 3월 27일

지은이 김해원
펴낸이 오은지
편집 변홍철 · 이호흔
표지디자인 박대성
펴낸곳 도서출판 한티재 | 등록 2010년 4월 12일 제2010-000010호
주소 42087 대구시 수성구 달구벌대로 492길 15
전화 053-743-8368 | 팩스 053-743-8367
전자우편 hantibooks@gmail.com | 블로그 www.hantibooks.com

ISBN 978-89-97090-67-9 04300
ISBN 978-89-97090-40-2 (세트)

책값은 뒤표지에 있습니다.

이 도서의 국립중앙도서관 출판예정도서목록(CIP)은 서지정보유통지원시스템 홈페이지(http://seoji.nl.go.kr)와 국가자료공동목록시스템(http://www.nl.go.kr/kolisnet)에서 이용하실 수 있습니다. (CIP제어번호: CIP2017005906)